Barbara Brüning (Hg.)

WEISHEIT – LIEBE – GOTTVERTRAUEN

Frauenporträts aus der Zeit der Reformation und des 20. Jahrhunderts

LEIBNIZ
Bücherwarte

Bibliografische Informationen der
Deutschen Nationalbibliothek:

Die Deutsche Nationalbibliothek verzeichnet diese Publikation
in der Deutschen Nationalbibliografie. Detaillierte bibliographische Daten im Internet über http://www.dnb.de abrufbar.

Barbara Brüning (Hg.):
Weisheit – Liebe – Gottvertrauen
Frauenporträts aus der Zeit der Reformation und des 20. Jahrhunderts

© Leibniz-Bücherwarte, Bad Münder 2016
Alle Rechte vorbehalten

Umschlag und Satz:
Michael Zuch, Frankfurt am Main

Druck:
Toptryk Grafisk ApS, Gråsten, Dänemark

ISBN 978-3-925237-27-0

Inhalt

7 Das neue Menschenbild der Reformation

13 **Frauenporträts der Reformation**
15 Katharina, die irdische Himmelsbraut
39 Elisabeth, die herrschaftsbewusste Fürstin
65 Olympia, das philosophische Wunderkind

85 **Die Reformation geht weiter ...**
87 *Helen Oppen*
 Religion als Bürde und Last: Simone Weil
99 *Anna Wagner*
 Philosophin und Nonne: Edith Stein
109 *Josefina Groth*
 Ein Leben ohne Gott: Simone de Beauvoir

119 **Anhang**
120 Zeittafel der Reformationsbewegung
124 Kurzbiografien der drei Reformatorinnen
128 Wichtige Persönlichkeiten und Begriffe
141 Anmerkungen

Vorwort

Das neue Menschenbild der Reformation

Im Jahr 2017 feiern wir das 500-jährige Jubiläum der Reformation. Zweifellos war Martin Luther mit dem Wittenberger Kreis um Melanchthon und Karlstadt die überragende Gestalt der religiösen und humanistischen Veränderungen. Aber spielten dabei auch Frauen eine Rolle? Hatten sie überhaupt eine Chance, das neue Menschenbild des 16. Jahrhunderts mit zu gestalten? Ein Menschenbild, das sich auf Werte wie das gute Leben im Hier und Jetzt stützte, auf Ehe, Liebe und Familie. Ein Menschenbild, das auch neue Normen des Regierens postulierte und Gerechtigkeit auf Erden mit der himmlischen Hoffnung verband.

Mein Buch stellt den Lebensweg von drei Frauen vor, die auf ihre spezielle Art und Weise an dem neuen Menschbild des 16. Jahrhunderts mitgewirkt haben. Sie fanden nicht nur im praktischen Leben als Haushaltsvorstand, regierende Fürstin und Privatgelehrte für Philosophie und alte Sprachen ihr Betätigungsfeld, sondern nahmen durch Briefe und andere schriftliche Dokumente auch an der gesellschaftlichen Umgestaltung ihrer Zeit teil. Ihre Lebensgeschichten hinterlassen unterschiedliche Spuren, die sich in ihrer engen Verbindung mit Martin Luther kreuzen: Katharina von Bora war die Ehefrau des Reformators und entschloss sich nach ihrer Flucht aus dem Kloster, eine Ehe zu führen und Kinder zu erziehen. Sie verkörpert damit einen wesentlichen Aspekt des neuen Menschenbildes, denn bis ins 16. Jahrhundert war die Stellung der Nonne als unverheiratete Braut Christi ein erstrebenswertes gesellschaftliches Ziel vieler Frauen. Erst die Reformation stellte dem asketischen Leben im Kloster Werte wie Liebe, Ehe und Kinder aufziehen entgegen. So lobte Martin Luther 1522 in seiner Schrift „Vom ehelichen Leben" die Familiengemeinschaft von Mann und Frau.

„Aber das solln die Eheleut wissen, dass sie Gott, der Christenheit, aller Welt, sich selbst und ihren Kindern kein besser Werk und Nutz schaffen mögen, dass sie ihre Kinder wohl aufziehen. Es ist nichts mit Wallfahrten gen Rom, gen Jerusalem, zu Sankt Jakob. Es ist nichts Kirchen bauen, Messe stiften oder was für Werk genannt werden mögen, gegen dieses einzige Werk, dass die Ehelichen ihre Kinder ziehen, denn dasselbe ist ihre gerichtste Straß gen Himmel, können auch den Himmel nicht näher und besser erlangen denn mit diesem Werk."

Katharina von Bora kam in der Ehe mit Martin Luther zwar die Aufgabe zu, das praktische Leben zu organisieren, über das im Spätmittelalter jedoch allein der Mann bestimmte bis hin zu der Frage, ob und wie lange ein Kind gestillt werden sollte. Katharina hat sich aber immer selbstbewusst mit ihrem Mann auseinandergesetzt und beispielsweise durch geduldiges Argumentieren erreicht, dass sie mehr Haushaltsgeld erhielt als Luther ihr eigentlich zubilligen wollte. Insofern erhob auch sie den Anspruch, ihr Leben ohne Bevormundung gestalten zu dürfen.

Auch die Fürstin Elisabeth von Calenberg-Göttingen hat das Menschenbild der Reformation in weltlicher und kirchlicher Hinsicht mitgeprägt. Sie setzte sich nach einer Begegnung mit Luther im Jahr 1534 vor allem für die Gleichberechtigung von Mann und Frau im Gottesdienst ein. Ihr Lebensweg zeigt, dass es bereits im Mittelalter Frauen gab, die ein selbstbestimmtes Leben führen wollten, unabhängig von den Entscheidungen des Ehemanns. So trat die Fürstin zum reformatorischen Glauben über, obwohl ihr Mann katholisch blieb, jedoch den Glauben seiner Frau tolerierte. Nach seinem Tod wurde Elisabeth die Vormundschaft über das Fürstentum Calenberg-Göttingen übertragen. Sie zeigte politischen Entscheidungswillen und berief auf wichtige Regierungsposten Männer der Reformation, wie den evangelischen Pfarrer Antonius Corvinus und den Juristen Justus von Waldhausen. Beide trugen dazu bei, dass im Fürstentum eine neue Kirchen- und Klosterordnung entstand. Elisabeth schwebte auch ein neuer Regierungsstil vor, der auf allgemeinen rechtlichen und christlich-moralischen Normen basieren sollte. Aus diesem Grund verfasste sie 1545 ein Regierungshandbuch für ihren Sohn Erich II.

Zu den eindrucksvollsten Zeitdokumenten mittelalterlichen Lebens und Denkens gehört auch ihr Briefwechsel mit ihrem Schwiegersohn Albrecht von Preußen. Darin diskutiert sie mit ihm sowohl theologische Fragen als auch Geld- Heirats- und Finanzprobleme. Die Briefe geben Aufschluss über den gesellschaftlichen Abstieg und die Verarmung der Fürstin, nachdem sie und ihr Sohn die Schlacht bei Sievershausen gegen den Rivalen Heinrich von Braunschweig-Wolfenbüttel verloren hatten. Während Erich relativ ungeschoren davonkam, verlor Elisabeth ihren Witwensitz und musste mit ihrer Tochter in Hannover bittere Not erleiden, ehe Albrecht ihr finanziell zu Hilfe kommen konnte.

Das dritte Porträt dieses Buches zeigt, dass sich die Reformation bereits im 16. Jahrhundert außerhalb der Grenzen Deutschlands ausbreitete. Die Italienerin Olympia Fulvia Morata sah in ihr sogar die Möglichkeit einer humanistischen Erneuerung Europas. Neben der freien Wahl des Glaubens sollten auch Mädchen die Möglichkeit erhalten, sich nach antikem Vorbild zu bilden. Bereits mit 15 Jahren hielt Olympia am Fürstenhof in Ferrara Vorlesungen über den römischen Schriftsteller und Philosophen Cicero und betonte das Streben nach Selbstverwirklichung und Selbstvervollkommnung. Durch die Begegnung mit dem Reformator Celio Secondo Curione, mit dem sie einen lebenslangen Briefwechsel führte, fand sie den Weg zu Luthers Schriften und zur Reformation in Deutschland. Sie heiratete den deutschen Arzt Dr. Andreas Grundler und ging mit ihm nach Schweinfurt und Heidelberg. In ihrem Hauptwerk „Theophila und Philotima" diskutieren zwei Frauen die Frage, worin ein glückliches Leben besteht. In ihrer Diskussion spielen zwei wichtige Werte eine Rolle: Weisheit und Gottvertrauen.

Die Lebensmaximen aller drei Frauen, die gegen den Widerstand ihrer Zeit einen Anspruch auf persönliches Glück erhoben und gleichzeitig die Reformationsbewegung förderten, zeugen von Standhaftigkeit und Durchsetzungsvermögen, die auch in der heutigen Zeit wichtige Tugenden darstellen.

Meine Intention, den Lebensgeschichten aller drei Frauen nachzuspüren, wird nicht von einer theologischen Perspektive geprägt, sondern von einer praktisch-humanistischen: Ich wollte herausfinden, welche Werte außer dem Gottvertrauen für diese drei Frauen wichtig gewesen sind und wie sie sich als Frauen in einer von Männern dominierten Gesellschaft durchgesetzt haben. Die verfügbaren Quellen lassen nur sehr vage Einblicke in die verschiedenen Lebensphasen zu, ermöglichen aber, ein erstes Porträt zu erstellen, an dem andere weiterarbeiten können.

Diese Weiterarbeit habe ich am Schluss des Buches drei Schülerinnen meines Philosophiekurses überlassen. Denn die Verbindung zwischen Gottvertrauen und individuellem Glücksanspruch von Frauen hat sich seit dem 16. Jahrhundert bis in unsere Zeit fortgesetzt. Helen, Anna und Josefina, die Generation des 21. Jahrhunderts, stellen jeweils drei bedeutende Philosophinnen des 20. Jahrhunderts vor, deren Leben durch Gottvertrauen bzw. radikale Ablehnung eines religiösen Lebensentwurfs geprägt wurde. Sie zeigen, dass die Hoffnungen und Zwänge von Frauen auch in der Gegenwart noch weiter bestehen.

Die Zitate aus den zur Verfügung stehenden Dokumenten bezüglich der drei Reformatorinnen sind im laufenden Text kursiv gesetzt und werden im Anhang aus Gründen der besseren Lesbarkeit ohne direkte Verweise in der chronologischen Reihenfolge der Seiten angeführt. Die Zitate aus den Briefen der Fürstin von Calenberg wurden zum besseren Verständnis in die aktuelle deutsche Sprache übertragen.

Darüber hinaus finden sich im Anhang Kurzbiografien zu allen im laufenden Text erwähnten Herrschern des 16. Jahrhunderts und zum Wittenberger Theologiekreis um Martin Luther. Wichtige Begriffe aus den Porträts werden ebenfalls erklärt und die Ereignisse der Reformation zum besseren Verständnis chronologisch in einer Zeittafel aufgeführt.

Hamburg, im August 2016

1
Frauenporträts der Reformation

Katharina, die irdische Himmelsbraut

Wie gut Wein und Bier hab ich daheim, dazu eine schöne Frau oder sollt' ich sagen: Herr! Du tätest wohl, dass du mir den ganzen Keller voll meines Weins und eine Flasche deines Biers herüberschicktest, sobald du kannst. Sonst komme ich erst wieder, wenn du von neuem Bier gebraut hast.

Martin Luther
Brief vom 29. Juli 1534

Vermutlich hat ein eisiger Wind Katharina kräftig ins Gesicht geblasen, als sie an der Hand ihres Vaters im Dezember 1504 vor dem Torbogen an der Pforte des Augustiner Chorfrauenstifts im anhaltinischen Brehna stand. Dieses Frauenkloster aus dem 12. Jahrhundert sollte nun ihr Zuhause werden, und der heilige Augustinus ihr Schutzpatron. Katharina war gerade einmal fünf Jahre alt und hatte soeben ihre Mutter verloren. Keiner fragte nach ihren Gefühlen, keiner gab ihr Zeit zum Luftholen. Stattdessen sollte sie so schnell wie möglich für immer hinter diesen steinernen Mauern verschwinden und ein Schlafhaus mit Zellen gegen das adlige Gut eintauschen, auf dem sie bisher gelebt hatte. Was Katharina im Augenblick des Abschieds durch den Kopf gegangen ist, als sie die Geborgenheit des Elternhauses gegen eine ungewisse Zukunft eintauschte, hat sie später niemandem erzählt. Ihre frühe Kindheit liegt im Dunkeln, es gibt kaum interessante Details darüber. Sicher ist allerdings ihr Geburtsdatum am 29. Januar 1499, wahrscheinlich in Lippendorf, das etwa 15 Kilometer südlich von Leipzig liegt. Heute ragt dort ein großes Kraftwerk in den Himmel, in den Katharina immer blickte, wenn sie Sehnsucht nach dem Leben draußen hatte.

Katharinas Eltern waren vermutlich Jan und Margarethe von Bora, die aus einem alten sächsischen Adelsgeschlecht stammten. Bekannt ist auch, dass der Vater zum zweiten Mal heiraten und deshalb seine Tochter im Kloster auf Lebenszeit versorgt sehen wollte. So musste er für sie später keinen Mann suchen oder sich gar um eine Mitgift kümmern. Das Geld blieb in der Familie.

Klöster waren im Spätmittelalter insbesondere für Mädchen ein Ort, an dem sie versorgt wurden und sich bilden konnten. Sie lernten lesen und schreiben, niederknien, sich bekreuzigen und beten und erfuhren etwas über Heilige und deren Verehrung. Sie bestickten Messgewänder und Altardecken, lernten den Schleier zu binden und sangen Choräle. Der Tagesrhythmus unterlag einer strengen Einteilung. Siebenmal täglich mussten die Novizinnen beten und Psalmen singen, die meiste Zeit jedoch wurde ihnen auferlegt zu schweigen. Wer das Schweigegebot brach, musste mit Strafen im Jüngsten Gericht rechnen, auch als Kind. Wer den Bewegungs- und Mitteilungsdrang von Kindern kennt, kann nachvollziehen, welche große Anstrengung Katharina und die anderen Mädchen aufbringen mussten, um sich entsprechend der Klosterregeln zu verhalten.

Mit zehn Jahren kam Kathrina in die Mägdeleinschule zu den Zisterzienserinnen nach Mariathron in Nimbschen bei Grimma, um sich auf ihr Gelübte als Nonne vorzubereiten, das sie 1515 ablegte. Hier war ihre Tante mütterlicherseits, Margarethe von Haubitz, Äbtissin und nahm das Kind wohlwollend unter ihre Fittiche. Außer Katharina gab es noch acht weitere Novizinnen, die auch in Latein unterrichtet wurden, der Gelehrtensprache des Mittelalters. Die Humanistin Olympia Fulvia Morata bezeichnete die lateinische Sprache als die Quelle allen Wissens. Sie eröffne den Weg zu Wissenschaft, Philosophie und Kunst. Ein solcher Unterricht war für Mädchen im 16. Jahrhundert allerdings nicht selbstverständlich, da Bildung als eine Domäne der Männer angesehen wurde. Katharina zeigte großes Interesse für naturwissenschaftliche Studien, insbesondere den Anbau und die Pflege von Heilkräutern, sowie für landwirtschaftliche Arbeiten. Diese Erfahrungen kamen ihr später als Ehefrau von Martin Luther sehr zugute, als sie im Schwarzen Kloster in Wittenberg, dem Familienrefugium der

Luthers, Gärten anlegte und Viehzucht betrieb. Insbesondere profitierte Luther auch von ihren profunden Kräuterkenntnissen, als Gicht und Gallensteine ihn plagten. Dafür hatte vor allem Magdalena von Bora gesorgt, die Schwester ihres Vaters, die in Marienthron als Siechenmeisterin tätig war. Katharina nannte sie zärtlich Muhme Lene. Sie war für die junge Frau eine Art Ersatzmutter, die später mit in der lutherischen Familie lebte.
Muhme Lene ging täglich in das Siechenhospital, unterhalb der Mulde, um Kranke zu pflegen. Sie hatte in ihrem Leben viel Leid gesehen und war immer auf der Suche nach neuen Heilmethoden. Von ihr erhielt Katharina deshalb den Rat, alle medizinischen Bücher in der Klosterbibliothek sorgfältig zu studieren. Denn wer heilen will, brauche Wissen. Muhme Lene probierte gemeinsam mit Katharina viele Rezepturen aus, mit denen sie später Basilius Axt, den Apotheker von Lukas Cranachs Apotheke in Wittenberg, in Erstaunen versetzte.

Durch die Arbeit im Hospital kam Katharina mit verschiedenen Menschen aus dem Volke zusammen und bekam durch sie einen ersten Eindruck von der großen weiten Welt. Sie durfte das Schweigegebot brechen, um Kranke zu behandeln und ihnen Trost zu geben.
Waren es diese einfachen Menschen, die Bauern oder Schäfer, die ihr und den anderen Nonnen die Kunde von der „Freiheit eines Christenmenschen" brachten?
Die Reformation war zweifellos auch ihre Sache und nicht nur eine Angelegenheit der Gelehrten, Fürsten oder Geistlichen. Sie verstanden sehr schnell, dass die Bibel für alle Christen da ist, ob sie nun Ackerknechte, Bauern oder Handwerker waren. Denn Martin Luther predigte auf Deutsch, obwohl ihm das vom Reichstag zu Worms verboten worden war.
Möglicherweise hat Katharina aber auch von ihren Verwandten,

die sie hin und wieder sehen durfte, einige Schriften von Luther zugesteckt bekommen. Sie haben die junge Nonne und acht weitere Mitstreiterinnen vermutlich darin bestärkt, die Klostermauern verlassen zu wollen, weil die Sehnsucht nach der Welt da draußen zu übermächtig war. Über den genauen Beweggründen für ihre überhastete Flucht liegt bis heute ein Schleier des Nichtwissens. Ursula von Münsterberg, die Cousine Georgs von Sachsen, hat allerdings diesen Schleier ein wenig ins Licht gerückt. Katharina hat diese mutige Frau später in Wittenberg auf einer der Tischgesellschaften Luthers sogar persönlich kennen gelernt. Ursula hat für ihre Flucht aus dem Kloster Freiberg in 69 Artikeln einer Flugschrift viele Gründe zusammengetragen, die sicherlich auch auf Katharinas Situation im Kloster zutrafen. So beklagte sie, dass die strengen Fastenrituale ihren Körper unnötig geschwächt hätten und schädlich für die Gesundheit seien. Auch käme ihr das Kloster wie ein riesiges Gefängnis vor, in dem Neid und Zwietracht unter den Mitschwestern entstünden, weil sich die Fenster zur Außenwelt nur schwerlich öffnen lassen; manche dürfen hinaus, um Kranke zu pflegen, andere nicht. *Des Menschen Feinde werden seine eigenen Hausgenossen.*
Ursula vermisste durch das klösterliche Eingeschlossen-Sein auch die tätige Nächstenliebe und Seelsorge. Denn sie durfte das Kloster im Gegensatz zu Katharina auch dann nicht verlassen, wenn Alte, Kranke oder Bedürftige ihren Beistand oder Trost gebraucht hätten. Ursula sehnte sich deshalb danach, endlich frei zu sein und über ihr Leben allein zu entscheiden, ohne den ständigen Zwang und Gehorsam.
Diese Sehnsucht wird wahrscheinlich auch Katharina und die anderen fluchtwilligen Nonnen darin bestärkt haben, trotz der strengen klösterlichen Regeln Fluchtpläne zu schmieden. Es gelang ihnen, dem Herrn Professor Luther nach Wittenberg einen Brandbrief zu schreiben und ihn zu bitten, sie bei der Flucht aus

dem Kloster zu unterstützen. Die Fluchtwilligen müssen genau gewusst haben, dass Luther in zahlreichen Flugschriften Mönche und Nonnen zur Flucht aus den Klöstern und zur Heirat aufgefordert hatte. Worum sie ihn in dem Brief genau baten, ist jedoch nicht bekannt, da er nicht erhalten geblieben ist. Wer ihn als Bote nach Wittenberg brachte, wurde auch später geheim gehalten, denn Herzog Georg von Sachsen bestrafte alle Fluchthelfer von Nonnen oder Mönchen wegen Landfriedensbruchs mit dem Tod. Er war ein erbitterter Luthergegner mit profunden Theologiekenntnissen, weil er eigentlich eine geistige Laufbahn einschlagen sollte. Bereits 1519 fungierte er als Schirmherr bei Luthers öffentlicher Disputation mit dem Ingolstädter Theologen Johannes von Eck auf der Leipziger Pleißenburg. Dort hatte sich Luther um Kopf und Kragen geredet. Er bestritt nicht nur die göttliche Autorität des Papstes, sondern verteidigte sogar Jan Hus aus Böhmen, der fast 100 Jahre früher wegen Ketzerei verbrannt worden war. Georg war von Luthers Auftritt so verstört, dass er fortan alle seine Anhänger gnadenlos verfolgen und aller Lutherbibeln auf seinem Territorium vernichten ließ. Auch Ursula von Münsterberg musste sich vor seinen Häschern in Wittenberg verstecken, denn Georg zeigte selbst seinen Verwandten gegenüber keine Gnade.
Vor diesem Hintergrund ist der Ratsherr Leonard Koppe, der Katharina und den anderen Nonnen 1523 bei ihrer Flucht geholfen hat, ein Held. Er lieferte hin und wieder Fisch und Getränke ins Kloster Marienthron und nutzte diesen Umstand, die zwölf fluchtwilligen Nonnen in Heringsfässern zu verstecken und sie zunächst nach Torgau zu bringen. Die Fliehenden wurden in Windeseile auf den Wagen gebracht und hatten nicht die Gelegenheit, einen Blick zurück zu werfen. Mehr als 10 Jahre später wird Katharina mit dem kranken Luther in Richtung Eilenburg am Kloster vorbeifahren und auf die dicken Mauern starren. Ihre Kehle blieb trocken, sie brachte keinen Ton heraus.

In Torgau verbrachte Katharina die Osternacht in Leonard Koppes Haus und legte am nächsten Morgen die weiße Kutte und den schwarzen Schleier ab. Sie war nun frei und wollte so schnell wie möglich zivile Kleider tragen, die Koppe unter seinen Freunden für die Flüchtigen gesammelt hatte. Später ertappte sie sich gelegentlich noch dabei, dass sie auf der Straße ihren Schleier zurechtrücken wollte, so tief verwurzelt war der Habit in ihrem inneren Wesen. Torgau war für Katharina der Beginn ihres neuen Lebens und später auch Krankenlager und Ort des Sterbens. Nach einem Kutschunfall wird sie hier ihre letzte Ruhestätte finden. Der Ratsherr Koppe blieb der Familie des Reformators ein Leben lang verbunden und lieferte zur Hochzeit der Luthers ein großes Fass Torgauer Bier.

Die Stadt an der Elbe war im 16. Jahrhundert die Residenz des sächsischen Kurfürsten Friedrich des Weisen. Er ließ Luther 1521 auf der Wartburg verstecken, als die Reichsacht gegen ihn verhängt worden war. Dabei hielt er bis zum Lebensende am katholischen Glauben fest, nutzte jedoch den Protestantismus politisch, um die Position der Fürstentümer und Reichsstädte gegenüber dem Kaiser zu stärken. Auf dem Sterbebett soll er sich dann aber doch um das Abendmahl in beiderlei Gestalt, also Brot und Wein, gebeten haben. Vielleicht war der Laienkelch ein Zeichen dafür, dass er doch im Innersten seines Herzens ein Lutheraner gewesen ist. Friedrichs Sympathien für den Reformator gehen auf das Jahr 1511 zurück. Friedrich ließ den damals noch weitgehend unbekannten Luther an die Universität von Wittenberg holen, wo er auf Kosten des Fürsten promovierte. Als Gegenleistung verpflichtete sich der Professor bis an sein Lebensende Vorlesungen in Bibelkunde an der Universität von Wittenberg zu halten.

Als Katharina 1523 im April nach Wittenberg kam, war diese Stadt aufgrund ihrer 1502 von Friedrich gestifteten Universität und ihrer theologischen Gemeinde mit Luther, Melanchthon und

Karlstadt weltberühmt. Aber eine Fuhre mit neun heiligen Jungfrauen, die keine Jesusbräute mehr sein wollten, hatte sie noch nicht gesehen. Insofern trieb die Neugier die Menschen auf den Elbdamm, über den der Rüstwagen mit den abtrünnigen Nonnen rollte; am Ende der Reise wurden sie von ihrem Retter Martin Luther persönlich begrüßt. Da die meisten Nonnen mittellos waren, sollten sie so schnell wie möglich verheiratet werden. Andernfalls drohte ihnen die Prostitution.

Katharina wohnte zunächst im Haus des Hofmalers Lukas Cranach d. Ä., der nach ihrer Heirat ein Porträt von ihr malte, das inzwischen weltberühmt ist. Wir sehen eine Frau mit einem selbstbewussten Blick, die weiß, was sie will. So verhielt sich Katharina auch gegenüber Luther. Während ihre Mitschwestern schnell verheiratet werden konnten, ließ sich für Katharina nicht ohne weiteres ein passender Mann finden. Der Student Hieronymus Baumgärtner aus Nürnberg durfte sie nicht heiraten, weil seine Eltern keine entlaufene Nonne als Schwiegertochter wollten. Den Herrn Doktor Kaspar Glatz, Pfarrer in Orlamünde, den Luther ihr vermittelt hatte, wollte sie nicht heiraten. Stattdessen ließ Katharina den Herrn Professor wissen, dass sie ihn aber nehmen würde. Luther selbst war von diesem Angebot ziemlich überrascht, denn er hatte eigentlich beschlossen, Junggeselle zu bleiben. Allerdings hatte er bereits vorsichtig nach der zarten Ave von Schönfeld Ausschau gehalten, die sich jedoch für den Apotheker Basilius Axt entschied, bei dem sie seit ihrer Flucht aus dem Kloster mit Katharina zusammen gearbeitet hatte. Um die verzwickte Situation zu lösen, überlegte sich der Herr Professor, ob er sich mit 42 Jahren nicht doch verheiraten sollte? Immerhin hatte er als noch unverheirateter Theologe 1522 in seiner Schrift „Vom ehelichen Leben" die Ehe als Gemeinschaft zwischen Mann und Frau, auch in der Bewältigung des Alltagslebens gepriesen. War es also nicht besser, zu zweit Freude und Leid zu tragen als allein?

Gott schuf den Menschen, dass es ein Männlein und ein Fräulein sein sollt... Und manche Männer sind blind, können nicht merken, dass es Gottes Werk ist und Gott wohlgefalle, was sie mit einem Weib leben und tun.

Hatte er diese, seine eigenen Gedanken, etwa vergessen? Noch war er nicht zu alt, eine Familie zu gründen und Kinder zu haben. Und er war einer der letzten Namensträger in seiner Familie, nachdem zwei seiner geliebten Brüder innerhalb einer Woche an der Pest verstorben waren. Also entschloss er sich nach kurzem Zögern, *sich der gänzlich Verlassenen zu erbarmen.*

Am 13. Juni 1525 heirateten der 42-jährige Martin Luther und die 26-jährige Katharina von Bora, mitten in den blutigen Wirren des Bauernkrieges. Katharinas Vater entging nur knapp dem Tod, weil er den Bauern die Aufhebung der Fronarbeit versprach und sie mit Wein und Brot versorgte. Für Katharina war es das erste Mal außerhalb der Klostermauern, dass sie wieder betete und Gott darum bat, ihre Familie vom Krieg zu verschonen. Die Heirat war für sie nach ihrer Flucht aus dem Kloster eine weitere Etappe auf dem Weg in ein bürgerliches Leben. Martin Luther wird später in einer seiner Tischreden die Ehe mit Katharina als ein *Geschenk Gottes* loben. Die Trauung vollzog Luthers Freund, der Wittenberger Stadtpfarrer Johannes Bugenhagen um 18 Uhr im Schwarzen Kloster. Dieses ehemalige Augustinerkloster erhielten die Eheleute von Johann dem Beständigen als Hochzeitsgeschenk und die Eheringe wurden von keinem geringeren als Albrecht Dürer geschmiedet. Die Eheschließung erregte viel Aufsehen, da eine entlaufene Nonne und ein ehemaliger Mönch sich das Ja-Wort gaben und somit aller Welt deutlich machten, dass die Ehe für sie einen höheren Stellenwert besaß als das asketische Dasein im Kloster. Nicht alle Leute begrüßten die neue Lebensform der beiden, es gab auch viel Spott und

Häme. Einige Lästerer wie Erasmus von Rotterdam behaupteten sogar, Katharina sei schon vor der Hochzeit schwanger gewesen, und sie beäugten argwöhnisch ihren Bauch unter dem Brautkleid. Andere unterstellten ihr, sie hätte sich einen dicken Fisch geangelt, denn der Herr Professor aus Wittenberg war ein berühmter, wenn auch umstrittener Mann. Er nannte sie zärtlich seinen *Morgenstern von Wittenberg* oder ganz einfach nur *Herr Käthe* und brachte dadurch auch seine Wertschätzung für sie zum Ausdruck, da sie als Haushaltsvorstand bei der Arbeit selbst kräftig mit anpackte. Für Luther war die Ehe deshalb eine erstrebenswerte Lebensform, weil *da werden doch Leut' daraus, die gesunden Leib, gut Gewissen, Gut und Ehre und Freund' behalten.*

In diesem Sinn begannen die Eheleute Luther ihr gemeinsames Leben im Schwarzen Kloster, in dem früher einmal vierzig Mönche gelebt hatten. Jetzt waren sie zu zweit; hinzu kamen noch eine junge Magd, die abends nach Hause ging, und Martins alter Diener. Katharina verwandelte das alte Gemäuer binnen kurzer Zeit in ein gemütliches Hauswesen mit riesigen Speisekammern, Gartenanlagen und Viehställen. Sie legte Kräuterbeete und Komposthaufen an, pflanzte Obstbäume und betätigte sich sogar als Winzerin. Ihre Aufgabe war die Organisation des Hauswesens und ihr oblag es auch, die vielen internationalen Hausgäste und Studenten zu bewirten. Sie konnte im Gegensatz zu ihrem Mann rechnen und wusste, dass ein Professorengehalt von ungefähr 200 Gulden pro Jahr nicht ausreichte, Gäste und Familie mit dem Notwendigsten zu versorgen. Darüber hinaus hatte Martin auch Schulden mit in die Ehe gebracht, denn der Umbau des Klosters verschlang immense Summen. Aber ihn kümmerte das Finanzielle wenig, die Mathematik überließ er seiner Frau, das Geld allerdings nicht. Katharina wird ein Leben lang mit ihm über das Haushaltsgeld streiten, weil er nicht den Blick dafür hatte, wie viele Brote für die große Familie und die zahlreichen Kostgänger gebacken werden müssen und wie viele Liter Bier und Wein in den zahlreichen Tischgesellschaften flossen. Martin übersetzte lieber die Bücher des Propheten in seinem Turmzimmer, unterrichtete im Hörsaal, der ebenfalls zum Kloster gehörte, und verteilte das Geld an die Armen. Käthe hingegen betrieb systematisch Landwirtschaft, wie sie es zuvor im Kloster gelernt hatte und führte Haushaltsbücher, um säen und ernten zu können. Und sie erfüllte natürlich auch ihre eheliche Pflichten, die Luther in höchsten Tönen gelobt hatte: *Das Allerbest` am ehelichen Leben, um welches willen auch alles zu leiden und zu tun wäre, ist, dass Gott Frucht gibt und befiehlt aufzuziehen.*

Einige Wochen nach der Hochzeit hatte Gott befohlen; Katharina wurde schwanger und auch Martin hatte an Umfang zugelegt, denn seine Käthe bekochte ihn vorzüglich. Sie hatte diese Kunst in der Klosterküche von Marienthron bereits als junges Mädchen gelernt. Ihre neue Familienküche befand sich im ehemaligen Refektorium des Klosters und umfasste mehrere Speise- und Vorratskammern und sogar einen alten Bratspieß. Katharina hatte nach einem langen Disput mit Luther dafür gesorgt, dass sie einen teuren Steinfußboden bekam. Sie warnte nämlich ihren Mann vor Ratten, die sich im feuchten Lehmboden einnisten könnten und den Schwarzen Tod verbreiteten. Dieses Argument hatte Martin Luther dann schließlich doch zum Nachgeben bewegt.

Am 7. Juni 1526 kam das erste Kind der Eheleute Luther auf die Welt. Zuvor hatte Katharina einige Ängste ausgestanden, denn die Nachkommen einer ehemaligen Nonne und eines ehemaligen Mönchs wurden im Volke immer noch als Satansbrut gebrandmarkt. Die Niederkunft erwartete sie jedoch voller Zuversicht, denn Muhme Lene war wieder an ihrer Seite. Leonard Koppe hatte auch sie aus Marienthron weggebracht, direkt zu Käthe. Gemeinsam mit der Wehmutter sorgte Lene dafür, dass ein gesunder Junge

auf die Welt kam. Er erhielt den Namen Johannes, der symbolisch nach Johannes dem Täufer gewählt wurde, jenem Evangelisten, der einst die Geburt Jesu verkündet hatte. Und so wurde das Neugeborene bereits zwei Stunden nach seiner Geburt ohne die Anwesenheit seiner unreinen Mutter in der Stadtkirche von Wittenberg getauft. Denn für Luther hatte die Kindertaufe einen hohen Stellenwert, da er sich innerhalb der Reformationsbewegung auch mit den Wiedertäufern auseinandersetzen musste, die einem Kind den Glauben absprachen. Für die Eheleute Luther war deshalb klar: *Die Taufe muss sein, wo Christen sind, und Christen sind da, wo die Taufe ist.* Johannes´ Paten waren der Bürgermeister und Lukas Cranach, in dessen Haus Katharina die ersten Schritte in ihrer neuen Welt gegangen war. Johannes wurde von seiner Mutter selbst gestillt; sie nahm sich keine Amme, wie es damals üblich war. *Und je mehr Kinder, umso größeres Glück.* Johannes bekam fünf weitere Geschwister: Elisabeth, Magdalena, Martin, Paul und Margarethe. Elisabeth wurde nur ein Jahr alt und auch Magdalena starb mit 13 Jahren. Neben den eigenen Kindern lebten später auch noch zahlreiche Nichten und Neffen Luthers im Schwarzen Kloster, die schon sehr früh Waisen geworden waren. Wie lange die Kinder gestillt werden sollten entschied übrigens der Vater. Über sein jüngstes Kind sagte der Reformator in einer Tischrede:
Es ist eine wunderbare Gnade, dass die jüngsten Kinder den Eltern immer die liebsten sind. Mein jüngstes Kind mein größter Schatz. Und diese Zuneigung zu ihnen ist notwendig, weil sie der größten Sorge bedürfen. Die, welche angefangen haben zu sprechen, können auf irgendeine Weise schon für sich selbst sorgen.

Ob Katharina auch so gedacht hat, wissen wir nicht, weil von ihr wenig schriftliche Zeugnisse und auch leider keine Briefe erhalten geblieben sind. Zumindest ist bekannt, dass sie alle Waisenkinder mit Geduld und Güte versorgte, ihre eigenen aber innig liebte.

Johannes, den Luther schon mit 7 Jahren an der Wittenberger Universität einschreiben ließ, sollte eigentlich Theologie studieren, entschied sich aber gegen den Willen seines Vaters für die Rechtswissenschaften. Er arbeitete später in der Weimarer Kanzlei am Fürstenhof. Martin studierte Theologie und Paul trat in die Fußtapfen seiner Mutter und wurde Arzt.

Paul hatte sich bereits als Kind im Garten seiner Mutter mit medizinischer Kräuterheilkunst beschäftigt. Er wurde von Muhme Lene angeleitet, wie einst seine Mutter im Kloster. Muhme Lene zeigte Katharina schon als junges Mädchen, welches Kraut gegen welches Übel wachsen musste. Deshalb gab es im Garten des Schwarzen Klosters auch spezielle Heilbeete mit wundersamen Elixieren. So half dem von seinen Gegnern gestressten und physisch anfälligen Luther gegen immer wiederkehrendes Ohrensausen ein Säckchen mit getrocknetem Farnkraut auf dem Kopfkissen. Und auch als Martin Luther im Juni 1527 schwer erkrankte, wich Käthe nicht von seinem Bett. Gallensteine, Nierensteine, schwarze Melancholie und Herzprobleme – die Lutherin mischte mit Muhme Lene für Luthers Genesung Salben und spezielle Säfte. Gegen ein Leiden allerdings war sie vollkommen machtlos – gegen die Pest.
Der schwarze Tod kam plötzlich über Nacht, meistens in hochsommerlicher Hitze, und kündigte sich mit Schwellungen in den Achselhöhlen und blauen Flecken auf der Haut an. Und er riss die Familien auseinander. Denn war einer befallen, dann wurde er von allen anderen verstoßen. Die Furcht vor der Krankheit war fast genauso gegenwärtig wie die Krankheit selbst. Gesellschaftliche Außenseiter wie die Juden wurden beschuldigt, sie zu verbreiten oder man betrachtete die Pestilenz als Strafe Gottes, auch für entlaufene Nonnen und Mönche.
Im August 1527, als Luther immer noch krank im Bett lag, schlich sich der schwarze Tod auch in die Universitätsstadt Wittenberg.

Mehr als 3000 Studenten und ihre Professoren verließen fluchtartig die Stadt; die Universität wurde kurzerhand nach Jena verlegt. Kurfürst Johann der Beständige forderte auch Luther und seine Familie auf, Wittenberg unverzüglich zu verlassen. Doch obwohl Katharina schwanger war, wollten die Eheleute nicht weichen. *Die Angst und die Flucht vor der Angst ist das schlimmste. Ich bleibe, das ist wegen der ungeheuren Panik im Volke wichtig.* Für Luther stand fest, dass Ärzte, Geistliche und Amtspersonen die Pflicht haben zu bleiben. Und als der schwarze Tod auch in seinem Umfeld erbarmungslos wütete, verwandelte seine schwangere Frau das Lutherhaus in ein Hospital. Sie pflegte aufopferungsvoll Sterbende und rettete auch einigen Kranken das Leben. Dazu gehörte Luthers Freund Johannes Bugenhagen. Seine robuste Natur und sein Kampfgeist waren stärker als der Gifthauch des Todes.

Katharina wuchs in dieser Zeit über sich selbst hinaus. Sie war Tag und Nacht auf den Beinen und ließ sich auch durch den schwarzen Qualm der Pestfeuer außerhalb der Stadt, in denen die Toten verbrannt wurden, nicht abschrecken. Manchmal legte sich ein beißender Geruch von verkohltem Menschenfleisch wie ein schwarzer Schleier über die Stadt. Und wenn Katharina nicht weiter wusste oder die Verzweiflung ihre Brust zusammendrückte, dann holte sie sich Trost und Rat bei Muhme Lene, der erfahrenen Siechenmeisterin.

Lene räucherte mehrmals am Tag die Kranken-Stuben mit einem Weihrauch-Kräutergemisch aus, um die Gefahr einer Ansteckung zu bannen. Unermüdlich mixte sie nach dem Rezept von Paracelsus Tinkturen aus Baldrian und Myrrhe, die dazu beitragen sollten, die Kranken ins Schwitzen zu bringen, damit der giftige Saft aus ihren Poren fließen konnte. Denn eine oberflächliche Behandlung der Pestbeulen half nichts, die Krankheit kam aus dem Inneren des Körpers, der sich durch Fieber und Schweiß erhitzen musste, damit die Beulen von selbst aufsprangen. Lene achtete auch darauf, dass die schwangere Käthe Ruhepausen einlegte und Mund und Nase durch Bänder schützte, bevor sie die Krankenzimmer betrat. Vielleicht aber hatte sich Katharina letztendlich doch zu viel zugemutet.

Nach der Geburt von Elisabeth im Dezember stellte sie fest, dass das Mädchen zu schwach und zu klein war, obwohl sie genauso wie Johannes von der Mutter selbst gestillt wurde. Muhme Lene war sich von Anfang an sicher, dass Elisabeth nie richtig laufen und sprechen werde. Sie tröstete Käthe, als die Kleine nach nur acht Monaten starb. Vielleicht war es besser so, dass Gott sie zu sich genommen hatte. Katharina aber grübelte: Wollte Gott sie und Martin bestrafen? Hatte sich ihre Angst vor der Pest auf die Lebenskraft der Kleinen ausgewirkt?

Ein Jahr später wird sie wieder einem Mädchen das Leben schenken: Magdalena, die ihren Namen zu Ehren von Muhme Lene erhielt und von allem immer nur Lenchen genannt wurde.

Nachdem die Pest aus Wittenberg im Herbst vertrieben worden war, kamen die gelehrten Leute aus dem Jenaer Exil zurück, und bei den Luthers fanden wieder die allerorts geschätzten Tischrunden statt. Die „liebe Herrin" Katharina durfte als einzige Frau regelmäßig daran teilnehmen. Einige andere berühmte Frauen der Reformation wie die Fürstin von Calenberg und deren Mutter gehörten ebenfalls zu den Auserwählten. Was hat Katharina in diesen Abendgesellschaften wohl von sich und ihrem Leben erzählt?

Die überlieferten Mitschriften, aus denen 20 Jahre nach Luthers Tod die berühmten Tischreden zusammengestellt wurden, enthalten leider keine Gedanken der Lutherin. Haben die Mitschreibenden die Äußerungen einer Frau nicht für so wichtig gehalten? Oder wollte Katharina vielleicht selbst nicht, dass ihre Gedanken und Predigten der Nachwelt überliefert werden?

In einer jener Tischreden hat Martin Luther seiner Frau und ihrer alltäglichen Fürsorge eines der vielleicht schönsten Komplimente gemacht. Er habe sie am Anfang noch für hochmütig gehalten und wollte lieber Ave heiraten.

Aber durch Gottes Gnaden schlug mir diese Ehe zum großen Glück aus. Ich habe eine treue Frau. (…) Ach wie sehnte ich mich in Schmalkalden, als ich auf den Tod krank lag, nach den Meinen! Ich dachte schon, ich würde Frau und Kinder nie wiedersehen. Wie schmerzlich war mir diese Trennung! Jetzt glaube ich gern, dass auch die Sterbenden solche natürlichen Neigungen empfinden. Aber, nachdem ich nun wieder gesund geworden bin, liebe ich Frau und Kinder umso mehr. Niemand ist so geistlich, dass er solche natürliche Liebe nicht fühlte. Denn das Bündnis zwischen einem Mann und einer Frau ist eine große Sache.

Nach Martin Luthers Tod löste Katharina zunächst die berühmten Tischrunden auf, denn sie waren untrennbar mit der Persönlichkeit Luthers verbunden. Auf Bitten ihrer Freunde wurden sie dann noch eine Zeitlang weitergeführt.

Inwieweit Katharina auch eine intensive Gesprächspartnerin für ihren theologisch kämpfenden Mann gewesen ist, lässt sich nicht mit letzter Sicherheit beantworten. Sie hatte im Kloster einige seiner Schriften gelesen, war aber als Ehefrau und Mutter zu beschäftigt, um seine neueren Werke intensiv zu studieren. Dennoch schenkte ihr Luther sein übersetztes Altes Testament, das er im Studierturm des Schwarzen Klosters fertig gestellt hatte. Er versprach ihr 50 Gulden, wenn sie es vollständig lesen würde. Warum griff er zu solchen Maßnahmen? Wollte er erreichen, dass sie sich neben ihren Haushalts- und Mutterpflichten stärker einer geistigen Tätigkeit widmete?

Dafür schien ihr allerdings die Zeit zu fehlen. Denn auch ihr viertes Kind Martin, das 1531 geboren wurde, war kränklich und schrie aus voller Kehle. Wie schon im Jahr der Pest machte sie sich Vorwürfe, dass ihre Angst vor einem Krieg nach dem Scheitern einer Versöhnung zwischen Protestanten und Katholiken auf dem Augsburger Reichstag 1530 die Unruhe des Neugeborenen mit verschuldet haben könnte. Von ihrem Mann erhielt sie wenig Beistand, er zog sich zurück, so als wollte er das Kind nur nicht zu nah an sich herankommen lassen, damit ihn ein Verlust wie bei Elschen nicht zu hart treffen möge. Er hielt Martin für eigensinnig und betrachtete das schreiende Bündel als eine Strafe Gottes. Dennoch ließ es sich Luther nicht nehmen, mit allen seinen Kindern täglich eine Morgenandacht zu absolvieren und mit ihnen über seinen Kleinen Katechismus zu sprechen, den er für den Glauben in der Familie erarbeitet hatte.

Nach der Geburt von Tochter Margarethe im Jahr 1534 kam die Pest abermals über die Stadt Wittenberg. Eine der ersten Kranken war Katharinas Cousine Elisabeth Cruciger, die Ehefrau von Luthers Mitstreiter Caspar Cruciger. Sie hatte Katharinas Lieblingslied „Herr Christ, der einig Gottes Sohn" gedichtet, das auch heute noch im Evangelischen Gesangbuch zu finden ist und schon damals nach Luthers Gemeindereform von den evangelischen Christen gesungen wurde. Katharina war nach ihrem Tod untröstlich und hatte kein Verständnis dafür, dass Kaspar Cruciger bald nach Elisabeths Tod 1535 wieder heiraten wollte. Sie musste es hinnehmen, dass Luther die treibende Kraft hinter dieser Entscheidung war, denn Cruciger sollte in Wittenberg bleiben. Luther konnte auf seinen Sekretär nicht verzichten und wollte, dass dessen Kinder wieder eine Mutter bekommen. Denn sowohl Cruciger als auch andere Wittenberger Gelehrte und Prediger gingen oft mit Luther auf Reisen, und da war es ein beruhigendes Gefühl, dass sich jemand um die Familie kümmerte. So empfand sich auch Katharina als der ruhende Pol, der immer für die Kinder da war und sehnsüchtig auf die Briefe ihres reisenden Mannes wartete, der in erster Linie für die Sorgen und Nöte der anderen ein offenes Ohr hatte. Er schrieb ihr allerdings auch über seine Krankheiten, die ihn auf den vielen Reisen plagten und vergaß nie, die Kinder und Muhme Lene zu grüßen.

Nach Elisabeths Tod, der Katharina an die Grenzen ihrer Heilkünste brachte, musste sie 1542 noch einen weiteren Schicksalsschlag verkraften: ihre Tochter Lene starb mit 14 Jahren an einer rätselhaften Krankheit, die mit keine ihrer vielgelobten Tinkturen geheilt werden konnte. Die Eltern mussten wochenlang ihren Lebenskampf mit ansehen, bis das Mädchen schließlich in Luthers Armen starb, ohne ihren geliebten Bruder Johannes noch einmal gesehen zu haben, der eiligst aus dem Internat in Torgau zurückgerufen wurde.

Nach dem Tod der geliebten Tochter überkam das Ehepaar Luther eine melancholische Stimmung. In einem Brief vom 28. Juli 1945 schrieb Luther an seine Frau, dass er lieber das Bettelbrot essen wolle, als seine letzten Lebenstage in Wittenberg zu verbringen. Er fühlte sich eingeengt und von vielen Feinden umgeben. Er empfahl Käthe doch lieber auf das Gut Zülsdorf bei Leipzig zu ziehen, das er ihr als Witwensitz gekauft hatte. Obwohl er in seinem Brief schrieb, nie mehr nach Wittenberg zurückkehren zu wollen, kam er doch wieder, denn er konnte die *teure Arbeit* nicht aufgeben.

Im Jahr 1546 durften die drei Luther-Söhne den Vater ins Mansfelder Land begleiten, in dem es Streitigkeiten um die Finanzierung von Kirchen und Schulen gab. Luther hatte sich auf der fünftägigen Reise entlang der Saale schwer erkältet und legte sich dann in Eisleben, seiner Geburtsstadt, mit Herzbeschwerden nieder – vorher wurden die Streitigkeiten zu seiner Zufriedenheit beigelegt. Nach drei Tagen des Leidens schlief er friedlich ein, seine drei

Söhne spendeten ihm Trost, seine Frau blieb mit ihrem Schmerz in Wittenberg allein zurück. Sie erfuhr erst vom Tod ihres Mannes, als in Eisleben schon sein Totenbegräbnis gefeiert wurde. Auf Befehl des Kurfürsten wurde der Leichnam Luthers jedoch nach Wittenberg überführt und am 22. Februar in der Schlosskirche beigesetzt. Der Trauerzug gestaltete sich zu einem Volksfest – ganz Wittenberg war auf den Beinen. Katharina und ihre noch vier verbliebenen Kinder – neben den Söhnen auch Tochter Margarethe – nahmen an der Beisetzung in der Schlosskirche teil. Sie hatten das Gefühl, Teil einer großen evangelischen Bewegung zu sein. Die Trauerrede hielt Luthers Freund und Beichtvater Johannes Bugenhagen.

Für Katharina ging mit dem Tod ihres Mannes ein wichtiger Lebensabschnitt zu Ende, der ihr nach der Einsamkeit des Klosterlebens im Kindes- und Jugendalter die Tore zur Welt geöffnet hatte. Diese Tore wurden jedoch maßgeblich von Martin Luther offen oder geschlossen gehalten. Er entschied als Hausvorstand über alle wichtigen Angelegenheiten des familiären Alltagslebens wie der Kindererziehung oder der Höhe des Haushaltsgeldes, auch wenn Katharina mit ihrer Meinung nicht hinter dem Berg hielt. Als Witwe musste sie nun von heute auf morgen auf eigenen Füßen stehen und selbständig Entscheidungen treffen. Ihr blieb nicht viel Zeit zur Besinnung, denn eines ihrer ersten Probleme, das sie lösen musste, war die Frage der Anerkennung des Testaments. Luther hatte sie zur Alleinerbin eingesetzt, damit sie die Kinder weiterhin versorgen konnte, später jedoch nicht von ihnen abhängig sein musste. Auch sollte sie keinen Vormund erhalten und selbst der Vormund ihrer Kinder sein. Diese Regelung war nach dem damaligen Witwengesetz nicht zulässig und musste vom Kurfürsten bestätigt werden. Johann Friedrich I. erkannte Luthers Testament zwar an, bestellte aber als Vormund Katharinas Bruder

Hans von Bora, Luthers Bruder Jacob sowie Caspar Cruciger und Philipp Melanchthon. Katharina erhielt insgesamt 9000 Gulden, die Kinder bekamen 3000. Da die Regelung der finanziellen Angelegenheiten einige Zeit in Anspruch nahm und Katharina über kein Bargeld verfügte, wurde sie vom dänischen König und vom Herzog Albrecht von Preußen unterstützt. Albrecht wird später auch seiner Schwiegermutter, der Fürstin Elisabeth von Calenberg-Göttingen, finanziell unter die Arme greifen, als sie nach der verlorenen Schlacht von Sievershausen völlig verarmt mit ihrer Tochter in Hannover lebte.

Katharina blieb nach Martins Tod nicht viel Zeit zum Luftholen. Denn im Sommer 1546 lag bereits das Gespenst des Krieges über Wittenberg. Kaiser Karl V. war der Schmalkaldische Bund schon längst ein Dorn im Auge. Er wollte die protestantischen Fürsten und Städte unter der Führung von Kursachsen und Hessen militärisch unterwerfen, fand aber erst nach Luthers Tod in Wilhelm IV. von Bayern und Moritz von Sachsen die rechten Bundesgenossen. Im Herbst kam es zum Krieg, und Moritz von Sachsen fiel in Wittenberg ein. Der Kaiser hatte den jungen protestantisch erzogenen Regenten mit der Kurwürde in den Krieg gelockt. Katharina fürchtete die Rache des mit europäischen Söldnern bunt zusammengewürfelten Heeres und floh mit ihren Kindern nach Magdeburg. Wie recht sie hatte! Die Kriegsknechte brannten rund um Wittenberg alles nieder, brandschanzten und plünderten die Dörfer. Schwarzer Rauch wehte tagelang in Richtung der Stadt. Katharina wartete ab und kehrte erst nach dem Ende des Krieges 1547 nach Wittenberg zurück, um ihre verwüsteten Ländereien und das Erbe für ihre Kinder zu retten. Der Schmalkaldische Bund wurde zerschlagen und der neue Herr von Wittenberg war nun Moritz von Sachsen. Katharinas Gärten waren zerstört und sie verfügte über kein Saatgut mehr, um ihre Familie mit dem Lebensnotwendigsten zu versorgen. Ihr alter Diener Wolf, der in

Schwarzen Kloster geblieben war, rettete jedoch das Haus vor der Zerstörung, sodass die Familie wieder einziehen konnte. Auch das Grab Luthers wurde auf persönlichen Befehl des Kaisers nicht verwüstet. Dennoch war Katharina nichts geblieben. Im Gegenteil: Sie war zur Bittstellerin erniedrigt und musste ihre Gönner in Preußen und Dänemark um finanzielle Unterstützung ersuchen, damit sie die Familie durchbringen konnte. Sie baute Ende der vierziger Jahre ihren Garten fast vollständig wieder auf und bot der Universität Luthers Hörsaal zur Miete an.

Als Katharina ihr Anwesen fast völlig wieder aufgebaut hatte, verbreitete sich im Sommer 1552 in Wittenberg erneut die Kunde von der Pest, die bereits die umliegenden Dörfer heimgesucht hatte. Nach dem Elbhochwasser im Frühling hatte die Rattenplage zugenommen, und Katharina wusste, dass sie die Überträger des Schwarzen Todes waren. In panischer Angst um das Leben ihrer Kinder, vor allem ihrer einzig noch verbliebenen Tochter Margarethe, beschloss sie in letzter Minute die Stadt in Richtung Torgau zu verlassen. Dorthin war bereits die Universität ausgelagert worden.

Die Luthers brachen früh auf, weil sie bis zur Dunkelheit die Stadttore passiert haben mussten. Katharina wollte wahrscheinlich keine Zeit verlieren, denn ein Gefährt außerhalb der Stadtmauern war für eine Frau und ihre Kinder gefährlich. Ob sie einen Kutscher dabei hatte oder allein gefahren ist, kann nicht mit letzter Sicherheit beantwortet werden. Auch über den Unfallhergang ist nicht viel bekannt. Nach den Wetterchroniken war es ein schwülwarmer Tag mit Gewitterregen. Er trug wahrscheinlich dazu bei, dass die Erde aufgeweicht wurde oder die Pferde durchgegangen sind. Jedenfalls muss das Gefährt ins Stocken geraten sein. Vielleicht wollte Katharina nachsehen, was passiert war. Wahrscheinlich ist sie beim Aussteigen auf dem matschigen Boden ausgerutscht und brach sich beim Sturz das Becken. Wochenlang war sie in Torgau ans Bett gefesselt; eine orthopädische Betreuung war damals noch nicht möglich. Ihre Kinder Paul und Margarethe haben sich in den letzten Monaten ihres Lebens liebevoll um ihre Mutter gekümmert. Beide hofften, dass sie sich wieder erholen würde, denn ihr Körper war durch die landwirtschaftliche Arbeit gesund, mit straken Knochen und Muskeln. Katharina war aber Medizinerin genug, um zu wissen, dass sie nie wieder richtig gehen und arbeiten konnte. Sie würde ihr Leben lang ein Pflegefall bleiben. Diese Gewissheit ihrer physischen Gebrechlichkeit scheint sich auch auf ihre seelische Verfassung ausgewirkt zu haben. Katharina schien einen Zustand erreicht zu haben, in dem sie einfach nicht mehr weiterleben wollte. Und so schloss sie am 20. Dezember 1552 nach einer schweren Lungenentzündung für immer ihre Augen, um ihren Lieben Else, Lene, Martin und Muhme Lene in das Himmelreich zu folgen. Nur einen Tag nach ihrem Tod wurde sie in der Torgauer Stadtkirche St. Marien beigesetzt. Ihre Kinder stifteten ihr dort später ein Epitaph. Wahrscheinlich hätte Katharina gern neben ihrem Martin in Wittenberg die letzte Ruhe gefunden, aber die Stadt konnte wegen der Pest nicht betreten werden.

Ein großes Fest in Wittenberg hätte sie vermutlich auch gern noch miterlebt: die Hochzeit ihres Nesthäkchens Margarethe. Die Luthertochter heiratete am 5. August 1555 den Wittenberger Studenten Georg von Kunheim, nachdem sich die Fürstin Elisabeth von Calenberg Göttingen in zahlreichen Briefen bei ihrem Schwiegersohn Albrecht von Preußen vehement für diese Hochzeit eingesetzt hatte. Albrecht unterhielt enge Beziehungen zur Familie Kunheim, da ihn Georgs Vater einst bei der Einführung des lutherischen Glaubens in seinem Herzogtum beraten hatte. Er regelte aus alter Dankbarkeit die wichtige Frage der Mitgift für Margarethe.

Da Georg von Kunheim einer reichen Adelsfamilie entstammte, gab sich in Wittenberg der gesamte sächsische Adel unter blauem

Nina Koch, *Katharina von Bora*, Wittenberg (1999)

Himmel ein Stelldichein. Vielleicht hat Margarethe bei ihrer Hochzeit auch in den weiten Himmel geschaut, wie einst ihre Mutter vor den Klostertoren in Brehna. Martin Luther soll speziell für sie nach ihrer Geburt das bekannte Weihnachtslied *Vom Himmel hoch, da komm ich her* gedichtet haben. Margarethe behielt die Sehnsucht nach ihren Eltern ein Leben lang in ihrem Herzen.

Elisabeth, die herrschaftsbewusste Fürstin

Ich hoffe und will meinen lieben Gott bitten, dass er meinen Herrn und mich auch darin erhalten wolle, dass wir ja nicht von ihm weichen oder abfallen.

Brief der Elisabeth von 9. Juli 1548 an Albrecht von Preußen

Ein junges Mädchen sitzt fast regungslos da, ganz in schwarz gekleidet, mit einer weißen Lilie in der Hand. So ließ sich die 15-jährige Elisabeth kurz nach ihrer Heirat porträtieren. Die Lilie war ein Symbol für ihre Jungfräulichkeit, die das junge Mädchen ihrem 40 Jahre älteren Gemahl, dem Herzog von Calenberg-Göttingen, als Geschenk mit in die Ehe brachte. Erich I. war zum Zeitpunkt der Eheschließung kinderlos verwitwet. Er hatte an den Feldzügen gegen die Türken teilgenommen und wurde von Kaiser Maximilian zum Ritter geschlagen, nachdem er ihm im Krieg gegen Bayern 1504 das Leben gerettet hatte. Tapferkeit und Mut waren also Tugenden, die der Herzog über alle Maßen schätzte. Zu seinem vollkommenen Glück fehlte ihm also nur noch der Erbe, und den sollte ihm die junge Fürstin aus dem Hause Brandenburg gebären. In seiner ersten Ehe hatte der Ritter die Nachkommen schmerzlich vermisst. Als er mit Elisabeth nach der Hochzeit 1525 in seiner Residenz in Münden eintraf (heute Hannoversch Münden), wurde die junge Fürstin von der Calenberger Ritterschaft mitten in den Wirren des Bauernkrieges würdig empfangen. Sie lebte nun fortan in einem Land zwischen Leine und Weser, das nördlich des Steinhuder Meeres begann und sich im Süden bis Holzminden erstreckte.

Die auserwählte junge Fürstin stammte wie ihr Gemahl aus gutem Hause. Sie erblickte 1510 als drittes Kind des Kurfürsten Joachim I. von Brandenburg und seiner Frau, der dänischen Prinzessin Elisabeth, das Licht der Welt. Ihre Mutter war die Schwester des dänischen Königs Christian II., der die Ideen der Reformation in seinem Machtbereich förderte. Und ausgerechnet Christian hatte die Schwester von Karl V. geheiratet, der nach Maximilians Tod 1519 Kaiser des Heiligen Römischen Reiches wurde und am Katholizismus festhielt. Seine Schwester Isabella hatte in Dänemark jedoch den lutherischen Glauben angenommen. Ihr Mann sorgte in seinem Land nicht nur für die Verbreitung reformatorischer Ideen, sondern ließ auch Kirchengüter in großem Umfang beschlagnahmen. Auf dem Reichstag zu Worms kursierte 1521 sogar das Gerücht, er habe Boten ausgesandt, um Luther vor der Verhaftung zu retten. Friedrich der Weise kam ihm aber bekanntlich zuvor.

Isabella von Dänemark stand in regem Kontakt zu Elisabeths Mutter und übermittelte ihr vermutlich die Ideen Luthers. Als die junge Elisabeth zu Ostern 1527 mit ihrem ersten Kind bei ihrer Mutter zu Besuch war, geschah das Unfassbare. Ihre Mutter nahm während des Gottesdienstes das Abendmahl mit Brot und Wein und bekannte sich dadurch öffentlich zum lutherischen Glauben. Die Katholiken nehmen das Brot, nicht aber den Wein. Die brandenburgische Fürstin hatte durch dieses öffentliche Bekenntnis ihren Mann, der zu diesem Zeitpunkt außer Landes weilte, vor den Augen seiner Untertanen brüskiert. Die junge Elisabeth war fassungslos über das Auftreten ihrer Mutter. Wie konnte sie nur ihrem Mann den Gehorsam verweigern? Wie konnte sie sich nur dazu hinreißen lassen, den Wein trinken, der nur den Priestern vorbehalten war? Elisabeth verstand zu diesem Zeitpunkt noch nicht den Mut, den ihre Mutter gerade zum Zeitpunkt des Gedenkens an die Kreuzigung und das Leiden Jesu an den Tag gelegt hatte. Eine Frau bekannte sich öffentlich zur Reformation. Und sie handelte aus freiem Willen. Eine Ungeheuerlichkeit! Die junge Elisabeth, die zehn Jahre später genau das Gleiche tun wird, übermittelte ihrem Vater nach dem Ostergottesdienst die Niedertracht ihrer Mutter. Joachim forderte seine Frau daraufhin unverzüglich auf, öffentlich Reue zu zeigen und zum katholischen Glauben zurückzukehren. Aber die dänische Prinzessin weigerte sich. Für sie galt nur Luthers Gedanke *Glaubst du, so hast du, glaubst du nicht, so hast du nicht.* Der Glaube allein macht den Christenmenschen stark und keine äußerlichen Fesseln können ihn daran hindern: kein Papst, kein Priester und auch kein Ehemann. Es zählt nur, dass der Mensch fromm ist vor Gott. Elisabeth nahm sich also die Freiheit eines Christenmenschen und floh bei Nacht und Nebel aus der Cöllner Residenz. Sie hinterließ ihrem Mann die Botschaft, dass ihr die Reinheit ihrer Seele mehr wert sei als ihre Ehe. Der Preis für diese Seligkeit war sehr hoch: die dänische Prinzessin Elisabeth befand sich Zeit ihres Lebens auf der Flucht. Sie versteckte sich mehrfach auch im Hause Luthers in Wittenberg, in dem sie sich einige Jahre später mit ihrer Tochter wieder versöhnte. Beide nahmen auch an Luthers berühmten Tischgesellschaften teil und schlossen auch mit Katharina von Bora Freundschaft, die drei Wochen vor Elisabeth im gleichen Jahr geheiratet hatte.

Nach dem Eklat in Cölln fuhr die junge Elisabeth wieder zu ihrem Mann nach Münden zurück und erfüllte 1528 seine Erwartungen auf einen Erben mit einer erneuten Schwangerschaft. Allerdings kränkelte sie und musste es hinnehmen, dass sich Erich wieder seiner ehemaligen Geliebten Anna von Rumschottel zuwandte. Elisabeth versuchte zunächst, die Nebenbuhlerin mit Geld zum Verzicht auf den Fürsten zu bewegen, wurde aber von Anna abgewiesen. Als Elisabeth an ihren Gliedmaßen Lähmungserscheinungen bemerkte, machte sie die Geliebte ihres Mannes dafür verantwortlich. Sie bezichtigte Anna der Hexerei und drängte Erich dazu, sie bei der Inquisition anzuzeigen. Elisabeth schickte Spione und Soldaten in das benachbarte Bistum Minden, um die Mätresse ihres Mannes abholen zu lassen. Anna jedoch entkam, vermutlich nicht ohne die Mithilfe des Fürsten.

Durch diese Aktion zog sich Elisabeth den Unmut des befreundeten Fürsten Philipp von Hessen zu. Ihm war Elisabeths Verfolgungsjagd zu Ohren gekommen, was ihn dazu bewog, sich bei Erich über das Verhalten der jungen Fürstin zu beklagen. Sie habe nicht das Recht, eine andere Person bis in ein benachbartes Territorium verfolgen zu lassen.

Elisabeth nahm die Beschwerde zur Kenntnis und brachte einige Wochen später ohne Komplikationen einen gesunden Jungen zur Welt. Ihm wurde bereits ein Jahr nach seiner Geburt in einem Verlöbnisvertrag Philipps Tochter Agnes als zukünftige Ehefrau bestimmt. Zehn Jahre später revidierte der Landgraf jedoch den Vertrag und setzte seine Tochter Anna als Verlobte ein. Erich II. erklärte später den Vertrag für Null und nichtig und heiratete aus Liebe Sidonie von Sachsen. Die Ehe verlief allerdings unter keinem guten Stern. Beide Ehepartner bezichtigten sich gegenseitig, einander vergiften zu wollen. Und Erich II. schreckte ebenso wie einst seine Mutter nicht davor zurück, unschuldige Frauen der Hexerei zu bezichtigen, um Sidonie zu schaden. Es scheint so, als habe er die Eifersuchtsexzesse mit in die Wiege gelegt bekommen. Denn auch nach seiner Geburt wollte sich Elisabeth nicht mit der Mätresse ihres Mannes abfinden. Sie mobilisierte noch im Kindbett ihre gesamte Familie zur Jagd auf die Geliebte. Frauen, die Anna vermutlich bei der Flucht geholfen hatten, wurden nach Folterqualen durch die Inquisition als Hexen verbrannt, später auch die Geliebte selbst. Offenbar glaubte Elisabeth wie übrigens auch Martin Luther an Hexerei und hatte keinerlei Gewissensbisse, die Nebenbuhlerin öffentlich verbrennen zu lassen. Sie setzte sich in letzter Konsequenz sowohl gegen Philipp als auch gegenüber Erich durch, was ihrer Freundschaft zu Philipp allerdings nicht schadete. Der Landgraf von Hessen unterstützte sie später nach dem Tod ihres Mannes bei der Vollstreckung des Testaments und der Einführung der lutherischen Kirchenordnung in ihrem Herrschaftsgebiet. Ihre Familie allerdings stand ihr nur zur Seite, als sie noch die strahlende junge Fürstin war. Auf ihrer späteren Flucht nach Hannover, nach der verlorenen Schlacht von Sievershausen, erhielt Elisabeth von ihren Brüdern weder moralischen noch finanziellen Beistand. Sie war eben nur eine Frau und dazu noch Witwe.

Aus der Affäre um die Geliebte ging sie allerdings als Siegerin hervor, während der Calenberger Fürst dadurch politisch und menschlich geschwächt wurde. Er gab deshalb dem Drängen seiner Frau nach, ein größeres Witwengut zu erhalten als ihr durch die Heirat per Vertrag zugestanden hätte. Auf ihren Wunsch hin bekam Elisabeth zusätzlich zu Calenberg auch das Herrschaftsgebiet Göttingen, durch das sie für den erlittenen Schmerz der Treulosigkeit ihres Mannes milde gestimmt wurde. Erich änderte seine Lebensweise allerdings nicht. Er kümmerte sich weder um die Finanzen seines Fürstentums, noch um administrative Dinge wie Bauvorhaben oder die militärische Absicherung seines Territoriums. Stattdessen zog er es vor, auf Reisen zu gehen oder weiterhin seine Mätressen zu pflegen, was ihn viel Zeit und Geld kostete. Im Gegenzug durfte seine Frau ihre Güter selbst verwalten, was sie mit großem Geschick bewerkstelligte. Elisabeth dokumentierte alle Einnahmen und Ausgaben und informierte sich regelmäßig über den Stand aller Bauvorhaben und der bäuerlichen Abgaben. Obwohl sie in Münden meistens allein war – die Residenz gehörte ebenfalls zu ihrem Witwengut – während ihr Mann durch Abwesenheit glänzte, bekamen beide noch zwei weitere Töchter: Anna Maria und Katharina, um deren Erziehung sich Elisabeth weitgehend allein kümmerte. Sie sorgte dafür, dass beide ebenso wie die erstgeborene Elisabeth eine gute Bildung erhielten, die sie selbst am Hofe in Brandenburg auf Drängen ihrer eigenen Mutter genossen hatte. Elisabeth wäre nie in der Lage gewesen, ihr Witwengut selbständig zu verwalten, hätte sie nicht als Kind systematisch rechnen gelernt. Als ihre Tochter Anna Maria später Albrecht von Preußen heiratete, erhielt sie von ihrer Mutter ein Ehestandsbuch für einen *freundlichen und mütterlichen Unterricht*. Für Elisabeth war es selbstverständlich, dass auch Töchter eine umfassende Bildung erhalten sollten und nicht nur Söhne. Für diese Forderung setzte sich auch Olympia Fulvia Morata ein, die eine humanistische Bildung auf der Grundlage der antiken Paideia für Jungen und Mädchen anstrebte.

Vor der Geburt ihrer Tochter Katharina beschloss Elisabeth, noch einmal eine Reise zu unternehmen mit dem Ziel, ihre verstoßene Mutter zu treffen. Sie begab sich deshalb 1534 nach Lichtenbergk bei Wittenberg, um sich mit ihrer Mutter zu versöhnen. Dort lernte sie auch Martin Luther persönlich kennen, der bereits 1520 im Lichtenbergker Antoniter-Kloster den päpstlichen Gesandten Karl von Miltitz empfangen hatte. Miltitz sollte ihn damals zum Widerruf seiner 95 Thesen bewegen.

Elisabeth traf Luther nicht unvorbereitet. Sie hatte sich vor ihrer Reise bei Philipp von Hessen über die Wittenberger Universität informiert und war neugierig, auf das Auftreten des Reformators. Philipp hatte ihr in ihrer Residenz die neusten Ideen Luthers vorgetragen, denn Hessen war neben Sachsen das Sprachrohr des Schmalkaldischen Bundes.

Nach ihrer Begegnung mit Luther wurde Elisabeth auch emotional von der Reformation gepackt. Sie führte mit dem Wittenberger Professor einen intensiven Briefwechsel und traf 20 Jahre später auf ihrer Durchreise nach Ilmenau auch Katharina Luther wieder, von der sie hin und wieder Geschenke in Münden erhalten hatte. Neben dem selbst gebrauten Bier schätzte Elisabeth vor allem Katharinas Kräuter, die ihr bei mancher Krankheit Linderung verschafft hatten. Die Fürstin setzte sich später auf ihrer Durchreise nach Ilmenau bei ihrem Schwiegersohn Albrecht von Preußen für die Eheschließung der lutherischen Tochter Margarethe mit dem Studenten Johann von Kunheim ein.

Als Elisabeth im Spätherbst 1534 nach Münden zurückkehrte, holte sie sich erneut wie einst gegen Anna von Rumschottel wieder familiären Beistand. Ihr Bruder Johann von Küstrin empfahl ihr, den evangelischen Theologen Anton Corvinus nach Münden einzuladen, den sie in Wittenberg bereits kennen gelernt hatte. Durch ihn fasste Elisabeth wie einst ihre Mutter den Mut, in der Osterzeit 1538 den Laienkelch zu nehmen und sich dadurch öffentlich zur Reformation zu bekennen. Erich war wie immer auf Reisen und konnte deshalb nicht sofort reagieren. Er zeigte aber im Nachhinein Verständnis für den Schritt seiner Frau, obwohl er als kaisertreuer Ritter katholisch blieb. Er wolle seine Frau in ihrem Glauben gewähren lassen und sie nicht zu einem Bekenntnis zwingen, kommentierte er das öffentliche reformatorische Auftreten der Fürstin. Beide Eheleute nahmen den Augsburger Religionsfrieden schon voraus: sie lebten bis zu Erichs Tod 1540 in einer konfessionell gemischten Ehe. Ob Erich seine Frau gewähren ließ, um sich weiterhin ungestört dem Geldausgeben und seiner Reiselust zu widmen, oder ob die Tugend der Toleranz von ihm bewusst gelebt wurde, ist im Nachhinein nicht zu klären. Er hatte allerdings zu Lebzeiten genau festgelegt, wie die Regentschaft bei seinem Ableben geregelt werden sollte. Bei der Testamentseröffnung nach seinem Tod 1540 wurden Philipp von Hessen, Elisabeth Bruder Joachim II. von Brandenburg, aber auch Erichs Neffe Heinrich von Braunschweig-Lüneburg zu Vormündern des erst 12-jährigen Erben bestimmt. Heinrich, der ein frommer Katholik war und die Reformatoren für die Bauernkriege verantwortlich machte, versprach sich nach dem Tod seines Onkels größeren Einfluss auf das Calenberger Herrschaftsgebiet. Mithilfe von Philipp und Joachim gelang es aber

Elisabeth, für sechs Jahre die alleinige Regentschaft für ihren Sohn zu erhalten. Ob ihr Mann bewusst zwei Protestanten und lediglich einen Katholiken zur Vormundschaft für Erich bestimmte und dadurch Elisabeth das Regieren erleichtern wollte, bleibt Spekulation. Die Machtkonstellationen waren jedenfalls für die junge Fürstin günstig – Heinrich konnte ihr nie gefährlich werden. Sie musste sich allerdings zunächst und mit großer Eile um die ausgezehrten Staatsfinanzen kümmern. Erich hatte ihr 900 000 Gulden Schulden hinterlassen, die sie durch eine Drosselung der Ausgaben für Bauten und Landwirtschaft in den Griff bekommen musste. Ihre Bemühungen um eine finanzielle Sanierung dauerten mehr als ein Jahr. So konnte sie auch die Leiche ihres Mannes erst ein Jahr nach seinem Tod auf dem Reichstag in Hagenau von dort nach Münden überführen lassen, weil sie vorher nicht in der Lage war, die Kosten für die Überführung und das anstehende Begräbnis zu begleichen.

Erst als Elisabeth alle Regierungsaufgaben erfüllt hatte, beauftragte sie 1542 Anton Corvinus, der inzwischen Pfarrer in Pattensen war, eine neue Kirchenordnung für das Calenberger Land zu erarbeiten. Sie ging dabei sehr klug vor. Ihr Mann hatte verfügt, dass der „wahre christliche Glaube" in seinem Fürstentum weiter verbreitet werden solle – ein kluges, aber offenes Vermächtnis. Elisabeth sah den wahren christlichen Glauben wie Martin Luther in der Bibel begründet und wollte deshalb, dass ihre Untertanen darin unterrichtet werden. Sie verfasste aus diesem Grund ein Vorwort für die neue Kirchenordnung, die neben der Ausbildung der Pfarrer und Diakone auch ein Ritual für die Zeremonie der Gottesdienste und eine Konfirmanden-Ordnung vorsah. Die Geistlichen sollten eine umfassende Ausbildung erhalten, damit sie die Gläubigen über Rituale wie die Taufe oder das Abendmahl aufklären können; für die Vergebung der Sünden sollte nicht mehr bezahlt werden. Die Fürstin legte Wert darauf, dass für das gesamte Fürstentum künftig Gottes Wort bibeltreu gelten solle und nicht mehr durch die Geschichten von Priestern vermittelt werde.

Die evangelischen Städte des Calenberger Landes wie Göttingen und Hannover traten der neuen Kirchenordnung jedoch nicht bei. Sie wollten ihre Unabhängigkeit bewahren und entzogen sich aus diesem Grund Elisabeths Einfluss. Die Fürstin wiederum profitierte davon, dass ihr Widersacher Heinrich im gleichen Jahr vom Schmalkaldischen Bund vertrieben wurde. Sie trat dem Bund allerdings nicht bei, um ihre Witwenherrschaft politisch nicht zu gefährden. Sie wollte nach außen hin zeigen, dass es ihr im Sinne ihres verstorbenen Mannes um den wahren Glauben ginge und nicht um ein protestantisches Bündnis. Elisabeth stand mit der neuen Kirchenordnung auf dem Zenit ihrer Macht als „Reformationsfürstin". Sie übte die weltliche Kontrolle über kirchliche Angelegenheiten aus und war nun auch für das Seelenheil ihrer Untertanen verantwortlich.

Die wichtigste Neuerung im Calenberger Land waren allerdings die Visitationen, auf denen Elisabeth teilweise Corvinus selbst begleitete. Sie wollte sich persönlich davon überzeugen, dass überall der wahre Glaube nach den gleichen Maßstäben gelehrt wurde und dass die Kirchenfinanzen in Ordnung waren. Auch legte sie besonderen Wert darauf, dass in den Gemeinden keine Schulden entstehen sollten – in dieser Beziehung war die Fürstin ein gebranntes Kind. Da die Visitationen große Mängel und Unterschiede in den einzelnen Landesteilen zutage beförderten, ließ Elisabeth eine Synode einführen, auf der die Probleme in Glaubensfragen besprochen und gelöst werden sollten. Die Leitung wurde abwechselnd verschiedenen Pastoren übertragen.

Eine der schwierigsten Aufgaben der Reformationsfürstin war allerdings der Entwurf einer neuen Klosterordnung. Überall in den

Klosterkammer Hannover

protestantischen Territorien wurden die Klöster aufgelöst und deren Eigentum beschlagnahmt. Elisabeth blies in dieser Beziehung allerdings ein eisiger Wind entgegen. Denn viele Adlige wollte die Klöster auch weiterhin behalten, um ihre unverheirateten Töchter oder Schwestern in standesgemäßer Weise unterzubringen. Elisabeth ließ aus diesem Grund viele Klöster in evangelische Damenstifte umwandeln, um den Adel nicht gegen sich aufzubringen. Sie ordnete darüber hinaus an, die ehemals katholischen Klöster in einer Klosterkammer zu inventarisieren, die den kirchlichen Besitz verwalten sollte. Diese Klosterkammer existiert auch heute noch als *Klosterkammer Hannover*.

Nachdem Elisabeth die wichtigsten Reformen auf den Weg gebracht hatte, erkannte sie schnell die Notwendigkeit, dass sie die christlich-politischen Neuerungen ihren Untertanen erklären müsste. Sie sollten verstehen, warum sie als Landesmutter in ihrem Sinne handelte. Die Fürstin verfasste deshalb einen Sendbrief, in dem sie alle Reformen mit einfachen Worten beschrieb. Sie versprach darin, den wahren Glauben ihrer Untertanen zu schützen. Deshalb habe sie auch die *Pflicht zur Gegenwehr*, wenn das Calenberger Land bedroht würde. Auf diese Art und Weise wurde der Schutz für die Untertanen mit einer gleichzeitigen militärischen Aufrüstung gerechtfertigt, die natürlich höhere Abgaben zur Folge hatte. Offenbar ahnte die Fürstin bereits, dass der vertriebene Heinrich von Braunschweig-Wolfenbüttel eine reale Gefahr für ihre Regentschaft bedeutete, denn Karl V. hatte ihm Unterstützung versprochen. Er befand sich allerdings noch im Krieg mit dem französischen König und konnte dem Vertriebenen nicht sofort zu Hilfe eilen. Erst nach dem Friedensschluss ließ der Kaiser 1845 auf dem Reichstag in Worms seine Absicht erkennen, den Konflikt zwischen katholischen und protestantischen Reichsständen militärisch lösen zu wollen. Er verhängte über Hessen und Kursachsen die Reichsacht und begründete seinen Schritt damit, dass die Vertreibung Heinrichs einen Landfriedenbruch darstelle, den er aufheben wolle. Heinrich war von Philipp von Hessen gefangen genommen worden und wurde von Elisabeth heimlich mit Geldzuwendungen unterstützt. Wahrscheinlich wollte sie ihn dadurch milde stimmen und im Falle seiner Freilassung eine Verhandlungslösung für das Calenberger Land erreichen. Heinrich hat es ihr allerdings nicht gedankt. Denn kaum war die kaiserliche Liga im Krieg mit den protestantischen Ständen auf dem Vormarsch und Heinrich als Regent wieder eingesetzt, bereitete er seiner Tante Anfang der 50er Jahre zunehmend Probleme. Seine Landknechte überfielen beispielsweise häufig Calenberger Bauern und misshandelten sie. 1551 zogen Elisabeths Brüder für sie sogar vor das kaiserliche Kammergericht, weil Heinrich ständig in ihrem Jagdrevier wilderte. Eine Entscheidung wurde allerdings nicht getroffen – die Behandlung der Angelegenheit wurde wahrscheinlich absichtlich in die Länge gezogen.

Mitten in den Wirren dieses politischen Durcheinanders musste Elisabeth laut Testament die Regentschaft an ihren inzwischen volljährigen Sohn Erich II. übergeben. Dessen Entwicklung war jedoch nicht so verlaufen, wie sie sich das gewünscht hatte. Die Regierungsgeschäfte hatten sie im Laufe der Jahre zu sehr in Anspruch genommen, sodass wenig Zeit für ihre Kinder blieb. Und so kam es nicht überraschend, dass sich der junge Regent bereits zu Beginn seiner Herrschaft dem Willen seiner Mutter widersetzte. Er weigerte sich, den Verlöbnisvertrag mit Anna von Hessen einzuhalten, was Elisabeth Kraft und Nerven kostete. Sie musste Annas Vater Philipp davon überzeugen, dass Erich aus Liebe die zehn Jahre ältere Sidonie von Sachsen heiraten wollte. Kurz nach der Hochzeit verließ Erich mit seiner Ehefrau das Calenberger Land, um wie einst schon sein Vater durch die Welt zu ziehen. Zuvor hatte ihn seine Mutter in weiser Voraussicht darum gebeten, ihre Leibzucht zu bestätigen. Ob sie zu diesem Zeitpunkt bereits geahnt hatte, dass ihr Sohn einen schlechten Lebenswandel nehmen würde und es später zu Leibzuchtstreitigkeiten mit ihm kommen würde?
Im Schmalkaldischen Krieg kämpfte Erich II. auf Seiten des Kaisers gegen die Protestanten, weil er sich dadurch eine bessere Stellung am Hof erhoffte und kehrte 1549 als überzeugter Katholik nach Münden zurück. Da seine Frau ihren evangelischen Glauben behalten wollte, kam es zwischen den Eheleuten zu häufigen Auseinandersetzungen. Zudem blieb Sidonie nach zahlreichen Fehlgeburten kinderlos, was ihren Mann dazu veranlasste, seine Frau loswerden zu wollen. Sidonie willigte aber in keine Scheidung ein, und so begann ein jahrzehntelanger Rosenkrieg zwischen beiden, der erst nach dem Tod Sidonies 1575 endete. Die sächsische Fürstin

beschwerte sich bei ihrer Schwiegermutter häufig über das rüde Verhalten ihres Mannes und beschuldigte ihn sogar, ihr nach dem Leben zu trachten. Sie müsse mit ansehen, wie ihr Mann seine Geliebte und deren Kinder mit an den Hof brächte. Für Elisabeth brach durch dieses turbulente Durcheinander eine Welt zusammen. Sie erkannte wohl, dass sie als Mutter versagt hatte. Ihr Sohn vernachlässigte die Regierungsgeschäfte, feierte mit Wein, Weib und Gesang und ließ sich von niemandem etwas sagen. Warum er derart verantwortungslos handelte, konnte sie nicht begreifen. Dabei hatte sie ihm doch schon vor seinem Regierungsantritt ein Handbuch mit auf den Weg gegeben, in dem sie auf 196 Seiten ihre Erfahrungen als Interimsregentin zusammengefasst hatte. Erich könne sich zu einem guten Fürsten entwickeln, wenn er nur im Sinne der Zehn Gebote handelte und Gottes Allmacht anerkenne. Wichtig sei es vor allem, sich um die Nächsten zu kümmern, denn die Untertanen, Waisen, Witwen und Fremde bräuchten insbesondere seine Unterstützung und das Gebot der Nächstenliebe gebiete es, Siechhäuser und Spitäler für die Armen zu bauen. Aber auch die Regierungskunst müsse ein Herrscher erlernen. Elisabeth erklärte ihrem Sohn, wie man Steuern einführt und politische Allianzen schmiedet, um Kriege zu vermeiden. Bedrohlich bei Hofe werde es mit zu vielen Festen und Prunk, zu vielen Reisen zu Reichstagen, zu viel Reitervolk und Kriegsgelüsten.

Leider hat Erich keinen dieser mütterlichen Ratschläge berücksichtigt, was seine Mutter zur Verzweiflung trieb, sodass sie sich eines Tages bei Albrecht von Preußen darüber beklagte, warum sie nur so einen missratenen Sohn geboren habe.

Während Erich durch die Niederlande und Spanien reiste, hatte Elisabeth eine kurze glückliche Lebensperiode mit zwei Hochzeiten. Sie selbst beschloss 1546 ein zweites Mal zu heiraten, und zwar den Grafen Poppo XII. von Henneberg. Er war ein Schwager ihrer

ältesten Tochter Elisabeth und entstammte einem alten fränkischen Adelsgeschlecht. Poppo war allerdings nicht sehr vermögend und wurde nach der Eheschließung von seiner Frau mit Geschenken überhäuft. Die Fürstin änderte sogar 1551 ihr Testament zu seinen Gunsten, damit ihr Gemahl auch nach ihrem Tod gut versorgt werde. Erich II. sah diese Verbindung allerdings mit Argwohn. Als er 1549 überraschend nach Münden zurückkehrte, zeigte er seiner Mutter, wer die Macht im Calenberger Land hat. Kaum waren die Pferde ausgespannt, verkündete er auch schon das kaiserliche Interim. Ohne Rücksicht auf seine Mutter forderte er Antonius Corvinus und andere protestantische Mitstreiter auf, das Interim bedingungslos umzusetzen und zum katholischen Glauben zurückzukehren. Daraufhin beriefen Corvinus und weitere 140 Geistliche in Münden sofort eine Synode ein. Sie weigerten sich, Erichs Willen zu erfüllen. Die Reaktion erfolgte prompt: Der Fürst ließ Corvinus und den Prediger Walter Hoiker aus Pattensen auf der Calenberger Festung in Beugehaft nehmen. Dadurch wollte er die Synode und letztendlich die eigene Mutter in die Knie zwingen. Zum Zeichen seiner Entschlossenheit ließ er sogar Corvinus' Bibliothek verbrennen. Elisabeth gelang es trotz vieler Gespräche und Bitten nicht, ihren Sohn umzustimmen und die Freilassung der Inhaftierten zu erreichen. Sie schrieb an Albrecht von Preußen: *Der gute Corvinus dauert mich. Gott helfe und tröste ihn.*
Als Erich im gleichen Jahr wieder auf Reisen ging, ordnete er an, die Gefangenen in Gewahrsam zu behalten und streng zu bewachen. Erst nach seiner Rückkehr 1552 kamen die Inhaftierten frei, denn Mutter und Sohn hatten sich wieder ausgesöhnt, nachdem Erich beim Kaiser in Ungnade gefallen war.

Die zweite Hochzeit, die Elisabeth in dieser relativ glücklichen Lebensperiode mit großem Geschick arrangiert hatte, war die Heirat ihrer Tochter Anna Maria mit dem 40 Jahre älteren Fürsten Albrecht von Preußen, der ein treuer Anhänger der Reformation war. Drei Jahre lang brauchte sie, um Albrecht in vielen Briefen davon zu überzeugen, nach dem Tod seiner ersten Frau ein zweites Mal zu heiraten. Sie empörte sich darüber, dass ihrer Tochter ein böser Charakter nachgesagt wurde. Sie sei in Ehrfurcht vor Gott erzogen worden, bete fromm und habe fürstliche Tugenden wie Freundlichkeit und Güte. Elisabeth feilschte regelrecht um die Mitgift ihrer Tochter, die ein ebenso hohes Witwengut wie Albrechts erste Frau erhalten sollte. Die Fürstin schreckte dabei auch vor kleinen Tricks nicht zurück. So schrieb sie Albrecht im März 1549, dass Erich andere Heiratspläne mit Anna Maria hätte und dass deshalb Eile geboten sei, den Heiratsvertrag abzuschließen. Elisabeth wusste natürlich ganz genau, dass Erich einer Heirat nicht zustimmen musste, denn laut Testament durfte die Fürstin allein über die Heirat ihrer Töchter entscheiden. Allerdings musste Erich II. für das Brautgeld aufkommen. Elisabeths Bruder Johann von Küstrin streckte es in seiner Abwesenheit vor und verklagte seinen Neffen später beim kaiserlichen Kammergericht, weil er jahrelang die Zahlung verweigerte.

Ihre Bitternis über den verlorenen Sohn hielt Elisabeth nicht davon ab, drei Tage nach der Hochzeit ein „Ehestandsbuch" für Ihre Tochter zu schreiben. Darin forderte sie wie schon Martin Luther unbedingten Gehorsam der Ehefrau gegenüber ihrem Mann, es sei denn, der Mann verhalte sich nicht im Sinne der Zehn Gebote. Für Elisabeth war es beispielsweise eine Selbstverständlichkeit, dass ihr Schwiegersohn alle ihre Briefe an Anna Maria zuerst las, damit er über alles Bescheid wusste.

Albrecht schenkte Anna Maria zur Hochzeit 20 Bände aus der von ihm gegründeten Bibliothek in Königsberg, die in Silber geschlagen waren. Deshalb wurde die Bibliothek im Volksmund später auch Silberbibliothek genannt. Beide Eheleute bemühten sich zeit ihres Lebens um die Schulbildung ihrer Untertanen und starben später innerhalb weniger Stunden gemeinsam an der Pest. Anna

Maria scheint allerdings in Preußen nicht glücklich geworden zu sein. Ihr Gemahl Albrecht beklagte sich immer wieder bei ihrer Mutter über ihre Stimmungsschwankungen und beschrieb ausführlich ihre Zornesausbrüche und wiederkehrende Melancholie. Elisabeth blieb nur ein Seufzer: *Der Herr möge sich meiner erbarmen, weil ich durch meine Kinder so betrübt werde.*

Es kam ihr allerdings nicht in den Sinn, dass vielleicht die arrangierte Heirat mit einem Greis die Ursache für die Betrübnis ihrer Tochter gewesen sein könnte. In dieser Beziehung war sie ein Kind ihrer Zeit – die Frau hat sich dem Manne und den politischen Absichten der Familie unterzuordnen. Hochzeiten werden nicht aus Liebe, sondern um der Herrschaft willen geschlossen. Ihre Tochter vermochte aus diesem Teufelskreis nicht auszubrechen, ihr Sohn Erich hatte sich allerdings mit seinem Wunsch durchgesetzt. Doch auch seine Liebesheirat wurde nicht vom Glück gekrönt, was Elisabeth in ihrer Überzeugung bestärkte, dass arrangierte Heiraten doch die vernünftigere Lösung darstellen.

Zu Beginn der 50er Jahre kränkelte die Fürstin etwas und wurde möglicherweise wie auch Martin Luther von psychosomatischen Störungen geplagt. Die ständigen Auseinandersetzungen mit ihrem Sohn und ihrem Neffen und die Sorge um Anna Maria gingen nicht spurlos an ihr vorüber. Sie klagte gegenüber ihrem Schwiegersohn über Kopfschmerzen und Schwindel, die ihr nicht ermöglichten, eine lange Reise nach Preußen anzutreten. In rührender Fürsorge freute sie sich allerdings über die Schwangerschaft ihrer Tochter 1551 und bat darum, dass ein Mädchen ihren Namen tragen sollte, für den sich die Eheleute nach der Geburt auch entschieden. Die Fürstin bat Albrecht inständig darum, in allen Kirchen Bittgebete für die werdende Mutter abzuhalten und auch nach der Geburt die Dankesgebete nicht zu vergessen. Sie selbst werde eine Wehmutter schicken und *weibliche Sachen für Mutter und Kind. Und weiß Gott,* so schrieb sie an Albrecht, *wenn ich die Sechs-Wochen-Hemdchen fürs Kind angesehen habe, die man dem Kindchen anziehen solle, dann lachet mein Herz, für das liebe Kind im Mutterleib, das noch kein Mensch angesehen hat. Der liebe Gott allein kennt es und wird es den Seinen mit Gnade geben.*

Diese Gedanken offenbaren die liebende Seite der Fürstin, die sich nicht nur um das Evangelium im Calenberger Land sorgte, sondern auch um das Wohlergehen ihrer Familie. *Mir ahnt viel Gutes von dem Kind, das vor allem fröhlich sein möge.* Als Elisabeth erfuhr, dass die Kleine einen Augenfehler hat, bat sie Albrecht inständig, das kleine Mädchen trotzdem gut zu versorgen und sie großzügig im Testament zu bedenken. Das Schielen liege nun mal in ihrer Familie. Der Familiensinn scheint in dieser Lebensperiode für sie wichtig gewesen zu sein. Denn mit Stolz berichtete sie Albrecht davon, dass sie sich mit Erich über den ausgelegten Brautschatz für seine Schwester geeinigt habe. *Der Erich will zum Evangelium zurückkehren, er besucht zu Pfingsten sogar einen evangelischen Gottesdienst.* Und so hätte sich in Elisabeths Leben alles zum Guten wenden können, wäre da nicht Heinrich von Braunschweig-Lüneburg dazwischen geprescht. Durch ihn wurde das Jahr 1553 zum Beginn des gesellschaftlichen Abstiegs der Fürstin, der zu einem Leben in Armut und Abgeschiedenheit führte.

Kaum hatten sich nämlich Mutter und Sohn versöhnt, fiel Heinrichs Sohn Philipp Magnus in das Calenberger Land ein.

Seine Landsknechte brandschatzen, plündern und morden, beklagte sich Elisabeth. *Und sie wollen auch mich brandschatzen und verjagen. So helfe mir Gott, mich davor zu schützen.*

Elisabeth und Erich suchten in dieser prekären Situation nach Verbündeten. Albrecht sorgte zwar mit 100 Gulden für das persönliche Wohlergehen seiner Schwiegermutter, konnte aber keine Truppen auf die Beine stellen. Auch dem Wunsch nach Beistand der Seestädte vermochte er nicht zu entsprechen. Philipp von Hessen, der gerade aus der Gefangenschaft freigekommen war, wollte sich nicht in eine erneute kriegerische Auseinandersetzung hineinziehen lassen, und so bat Elisabeth schließlich den Neffen ihres Schwiegersohns Albrecht II Alcibiades von Brandenburg-Kulmbach um Hilfe. Ihren einstigen Rat aus dem „Regierungshandbuch", bei politischen Allianzen vorsichtig zu sein, hatte sie offenbar vergessen. Elisabeth verkaufte sogar ihren Schmuck, um Truppen gegen Heinrich auf die Beine stellen zu können. Doch mitten in den militärischen Vorbereitungen geschah das Unfassbare. Erichs Schwager Moritz von Sachsen stellte sich auf die Seite von Heinrich. Wollte er womöglich seinem Schwager, der seine Schwester Sidonie durch seine Liebschaften wiederholt gedemütigt hatte, eine Lektion erteilen oder waren es Machtgelüste, die ihn reizten? Er überzeugte auch Philipp von Hessen, gegen Erich in den Kampf zu ziehen. Dessen Tochter Anna wurde einst von dem jungen Calenberger Regenten verschmäht, und so hatte auch Philipp mit Erich II. noch eine Rechnung zu begleichen.

Durch diese unglücklichen Konstellationen wurden aus den einstigen Weggefährten im Fürstenaufstand gegen Karl V. erbitterte Feinde. Moritz und Philipp wollten es nicht hinnehmen, dass Albrecht in fränkischen Land gegen die Hochstifte Bamberg, Würzburg und Nürnberg brandschatzte und von ihnen viel Geld erpresste; sie warfen ihm verantwortungsloses Handeln zum Schaden der Reformation vor. Die italienische Philosophin Olympia Fulvia Morata erlebte Alicibiades´ Truppen in der evangelischen Reichsstadt Schweinfurt, wo sie mit ihrem Mann bis zu seinem Einmarsch ein friedliches Leben führte. Alcibiades´ Spiel mit dem Feuer und der spätere Einmarsch katholischer Truppen beraubte Olympia ihrer gesamten Lebensgrundlage; ein Großteil ihrer Schriften wurde in diesem sinnlosen Krieg vernichtet. Auch König Ferdinand war über die Alicibiades´ Plündereien empört und schlug sich auf Heinrichs Seite, als er sich sicher sein konnte, dass auch Hessen und Sachsen mit ins Feld ziehen. Elisabeth hatte diese politischen Verwicklungen und Alicibiades´ Vorgehen gegen die evangelischen Reichsstädte in Franken offenbar nicht durchschaut, als sie ihn ausgerechnet zu ihrem wichtigsten Verbündeten machte. Er war der Neffe von Albrecht von Preußen, der in ihrem Leben die einzige Person gewesen ist, der sie vorbehaltlos vertraute. Und so ließ sie sich vom Verwandtschaftsgrad täuschen und beachtete nicht, dass Alicibiades in seinem Leben oft die Seiten gewechselt hatte. Obwohl er Protestant war, kämpfte er im Schmalkaldischen Krieg auf Seiten Karl V., verbündete sich dann aber im Fürstenaufstand gegen ihn, weil der Kaiser seine finanziellen Forderungen nicht erfüllte. Auf diese Weise machte Albrecht seinem Beinamen Alcibiades alle Ehre. Denn auch sein griechisches Vorbild wechselte als Feldherr öfter die Seiten, erst kämpfte er für Athen und später dann für Sparta.

Die beiden Kriegsparteien trafen schließlich am 9. Juli bei Sievershausen aufeinander, nachdem Heinrichs Truppen die Poppenburg an der Grenze zum Calenberger Land angegriffen hatten. In der Schlacht fielen über 4000 Landsknechte, unter ihnen auch Moritz von Sachsen und zwei Söhne Heinrichs, darunter Philip Magnus. Erichs Truppen wurden geschlagen, und Elisabeth musste mit ihrer Tochter Katharina nach Hannover fliehen. Sie verlor ihre Leibzucht und alle damit verbundenen Rechte. Die Rache Heinrichs traf sie, die Frau und Witwe des Fürsten, und nicht ihren Sohn.

Ich bin um die ganze Leibzucht gekommen. Gott weiß, wann ich sie zurückerhalte. Gott hat mich behütet, dass ich mit Leib und Ehren ent-

kommen bin. Er hat mich arm gemacht und er wird mich auch wieder stärken. Ich bin ein verjagtes, betrübtes Weib. Ich schäme mich, dass ich solche Armut leide.

Elisabeth mietete nach ihrer Flucht mit ihrer Tochter in Hannover eine Herberge. Sie stellte in einem Brief an Albrecht von Preußen fest, *es fehlt an allem, was ich haben soll.* Keine Mägde, keine Dienerschaft, keine Nahrungsmittel, keine Sanitäranlagen, stattdessen musste sie die Notdurft im Keller verrichten, und verfügte auch über keinen Schmuck, den sie versetzen konnte. In einem bitteren Brief vom August 1553 schrieb sie an ihren Schwiegersohn, dass sie ihren letzten Rock verpfändet habe, weil sie und ihre Tochter seit 5 Tagen nicht mehr richtig gegessen hätten. Sie sei von ihrem Sohn verlassen worden, und auch ihre Brüder hätten keine Hilfe geschickt. Die Niederträchtigste von allen aber wäre Sidonie, die angeordnet habe, ihr kein Essen und Trinken von ihrer eigenen Leibzucht zu schicken. *Meine Schwiegertochter sitzt in meinem Wittum und was noch an Geld und anderen Sachen geblieben ist, hat sie mir genommen.* Aber auch von ihrem Mann Poppo kam keine Hilfe. Sie erhielt lediglich die Nachricht, dass er in Spandau krank daniederliege. Resigniert stellte sie fest, dass mit jedem neuen Tag die Hoffnung schwinde, jemals nach Münden zurückkehren zu können. Mutter und Tochter mussten fast zwei Jahre in Hannover in nicht standesgemäßer bitterer Armut ausharren, ehe Albrecht von Preußen ihr die Flucht nach Thüringen auf das Gut ihres Mannes ermöglichen konnte.

Das politische Auf und Ab im Leben der Reformationsfürstin, war auch begleitet von einem familiären Auf und Ab. Am Ende ihres Lebens war es eigentlich nur Albrecht von Preußen, der sie mit Geld und Ochsen versorgte und sich nach ihrem körperlichen und seelischen Befinden erkundigte. Beide verband eine innere Wesensgleichheit und Freude am theologischen Streit, sodass Albrecht Elisabeth half, wo er nur konnte. Allerdings brauchten seine Boten lange, um von Preußen aus Briefe, Geld und Vieh nach Hannover zu bringen. Deshalb gab es auch immer wieder Durststrecken, die Elisabeth und ihre Tochter durchstehen mussten. Aber wo war der Beistand ihrer Brüder, die sie einst bei der Einführung der Reformation im Calenberger Land unterstützt hatten? Und was für sie noch viel wichtiger gewesen wäre: Was unternahm eigentlich ihr Mann Poppo, um seine verarmte und gehetzte Frau zu retten, die ihn einst so reich beschenkt hatte? Die bittere Feststellung lautet: Nichts! Poppo sah seine Frau mehrere Jahre nicht, und diese Trennung scheint ihm auch nicht viel ausgemacht zu haben. Offenbar vermisste er sie nicht.

Tief enttäuscht von ihrer Familie stellte Elisabeth einem Brief von Oktober 1553 ein Zitat von Jesus an den Anfang: „Wenn es dir übel geht, so gehe nicht in deines Bruders Haus." Und sie fügte hinzu: *Dieser Spruch ist in der Tat für mich wahr geworden. Die Brüder helfen nur mit Worten, nicht mit Taten.* Sie erhielt kein Geld, keine politische Fürsprache aus ihrer Familie für eine Entschädigung bezüglich ihrer Leibzucht und vor allem keinen Trost, den sie so bitter nötig gehabt hätte. Ihre Schulden von 1000 Talern an die Stadt Hannover bezahlte Albrecht. Er riet ihr auch davon ab, wegen ihrer Leibzucht vor das römische Kammergericht zu ziehen und erreichte schließlich, dass Elisabeth von ihrem Sohn ein bescheidenes Auskommen von 5000 Talern pro Jahr als Ersatz für ihre Leibzucht bekam.

Den Höhepunkt der familiären Enttäuschung bildete allerdings das Verhalten ihres Mannes, nachdem ihr mit Albrechts Hilfe die Übersiedlung nach Henneberg bei Ilmenau geglückt war. Sechs Wochen lang weigerte sich Wilhelm, Poppos Bruder, die einst wohlhabende und nun verarmte Fürstin zu empfangen. Schlimmer noch: Auch Poppo entfremdete sich zunehmend von seiner Frau.

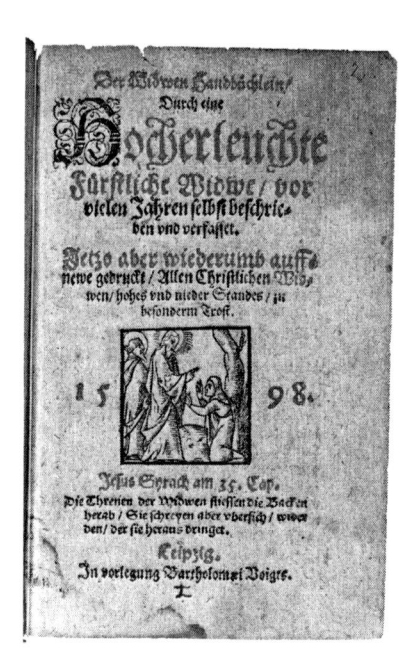

Elisabeth von Calenberg-Göttingen, Der Witwen Handbüchlein

Er hat sich von Tisch und Bett von mir geschieden und schließt alle Kammern vor mir zu. Da sieht man, was daraus geworden ist, lange voneinander getrennt zu sein.

Elisabeth tröstete sich in Henneberg bei Ilmenau selbst und verfasste ein Trostbuch für Witwen „Der Witwen Handbüchlein". Einsam, verlassen, ohne Familie, ohne Finanzen und ohne politischen Einfluss gestaltete sich das Ende ihres Lebens. Am Beginn dagegen wurde sie von ihrem ersten Ehemann mit Geschenken überhäuft. Sie besaß 140 Bedienstete und 120 Reitpferde und eine fürstliche Residenz in Münden. Doch das alles war plötzlich nur noch ein schöner Traum.

Der einzige Trost, den sie finden konnte, war das Vertrauen in Gott. Aufgrund ihrer eigenen Erfahrungen schrieb sie, dass das

Vertrauen in Gott besser sei als das Vertrauen in die Menschen. Die Fürstin beklagte die mangelnde gesellschaftliche Anerkennung von Witwen, die um ihren Besitz und ihre Rechte kämpfen müssten, oftmals den Rest ihres Lebens, und ohne juristischen Beistand. Wahrscheinlich hatte sie auch das Schicksal ihrer eigenen Mutter vor Augen, die 18 Jahre lang auf der Flucht war, bevor sie von ihren Söhnen einen Witwensitz in Spandau erhielt. Sie stand allerdings ohne finanzielle Absicherung da und musste ihr ganzes Leben lang ihre Kinder um Geld bitten, das sie nicht immer erhalten hat. Für die stolze und selbstbewusste Frau war dieser Status eine bittere Erniedrigung.

Elisabeth konnte an ihrem Lebensende nicht verhindern, dass Erich II. ihre Tochter Katharina, für die sie jahrelang nach einem Ehemann gesucht hatte, mit dem katholischen Burggrafen Wilhelm von Rosenberg verheiratete. Die Hochzeit in Münden wurde ohne sie gefeiert, da ihr ein falscher Termin übermittelt wurde und sie daher zu spät aufgebrochen war.

Oh, sei dir, lieber Gott im Himmel geklagt. Ist doch kein Bauer oder Kuhhirt, der nicht Mutter und Vater zu seiner Hochzeit lüde. Elisabeths Herz war gebrochen. Gerade Katharina, mit der sie in Hannover gemeinsam gelitten und gekämpft hatte, trat ohne sie vor den Altar.

Elisabeth hat sich von diesem Schock nie mehr richtig erholt. Sie litt zunehmend an körperlicher und seelischer Erschöpfung und starb 1558 in Ilmenau.

Ihr reformatorisches Werk wurde ausgerechnet von dem Sohn ihres Widersachers Heinrich, Julius von Braunschweig-Wolfenbüttel, weitergeführt. Er vereinte 1884 nach dem Tod ihres Sohnes Erich, der keine Erben hinterließ, beide Fürstentümer und verpflichtete sie zum evangelischen Glauben. Elisabeths Kinder, die sich am Ende des Lebens von ihr entfremdet hatten, stifteten 1566 ein *Epitaph* in der St. Ägidien-Kapelle an der St. Johannis-Kirche im thüringischen Schleusingen. Auf dem Sockel wurde ein von

Denkmal der Herzogin Elisabeth in der Stadtkirche zu Schleusingen,
in: Hohenzollern-Jahrbuch 1899, Herzog August Bibliothek Wolfenbüttel

ihr geschriebenes Gedicht eingemeißelt, das ihre Verehrung für
Jesus Christus zum Ausdruck bringt.

> Zuvörderst ist mir Jesus Christ
> Allzeit gewest das höchste Gut
> Durch seinen Geist gab mir der Mut,
> Dass ich mich christlich hab ermannt
> Und pflanzt sein Wort in dieses Land.

Olympia Fulvia Morata
verehlichte Grundlerin eine Gott-
selige und gelehrte Frau.

Olympia, das philosophische Wunderkind

*Sooft du dein Herz deiner Trübsal zuwendest,
hast du immer nur die Frauen vor Augen,
die Glück haben oder zu haben scheinen.
Dies sollte man eben nicht tun; vielmehr
sollte man sich die Unglücklichen, Geschlagenen,
Beladenen, in ihrem Leben von Unglücksschlägen
Heimgesuchten vor Augen halten,
deren Zahl sehr groß ist.*

Aus dem Dialog „Theophila und Philotima"
von Olympia Fulvia Morata

Ein 15-jähriges Mädchen steht vor einer Hofgesellschaft in Ferrara und hält Vorlesungen in Philosophie. Sie hat Ciceros „Stoische Paradoxien" ausgewählt, die sie zunächst für zu leicht hielt, aber je mehr sie sich in sie vertiefte, wurden sie eine Last, die schwerer als der Ätna wiegt. Warum wollte das zierliche dunkelhaarige Mädchen diese Last der lateinischen Rhetorik in ihrem Kopf tragen? Und warum hörte ihr die Hofgesellschaft überhaupt zu? Philosophie war doch zur damaligen Zeit eine reine Männersache!

Olympia Fulvia Morata hatte Ciceros Paradoxien mit Bedacht gewählt. Es handelt sich dabei um eine kleine kostbare Schrift vom Beginn des ersten Jahrtausends, in der Cicero sechs ethische Lehrsätze formuliert hat: Nur derjenige, der moralisch gut handelt, ist auch weise. Oder anders herum: Nur der Weise handelt auch moralisch gut und ist frei.

Frei und weise zu sein, wird später die Richtschnur in Olympias Leben. Sie will selbst denken, auch wenn sie nur eine Frau ist, und sie weiß von Cicero, dass es auch auf die Ästhetik der Worte ankommt.

Weil also die Wissenschaften unter allen menschlichen Dingen so sehr hervorragen, wieso sollen dann, bitte sehr, Spinnrocken und Nadeln der Weiblein, wie du sagst, mich von den sanften Musen wegrufen können? Gegen die Zaubertöne solcher Frauen habe ich wie Odysseus vor den Verlockungen der Sirenen meine Ohren verschlossen.

Wer ein solches Leben gestalten möchte, braucht vor allem eins: Mut. Durch ihre Lobrede auf den Römer Mucius Scaevola, der im 5. Jahrhundert vor Chr. seine ausgestreckte linke Hand ins Feuer hielt, ohne Schmerzen zu zeigen, verdeutlichte Olympia ihr Lebensmotto. Durch Selbstachtung und Standhaftigkeit entging Mucius dem Feuertod durch den Etruskerkönig Posenna, der Rom belagerte und mit Krieg bedrohte. Mucius wollte Rom durch einen wohldurchdachten Plan als Einzelkämpfer retten, was ihm auch gelang: nicht durch das Schwert, sondern durch Mut und Vernunft.

Beide Tugenden verkörperte auch Olympia, die in ihrem Leben – ähnlich wie Mucius Scaevola – in viele kriegerische Auseinandersetzungen hineingezogen wurde. Scaevola erhielt vom römischen Senat als Preis für seine Tapferkeit einen Acker geschenkt, die später die „Wiese des Mucius" genannt wurde. Zu Ehren Olympia Moratas trägt in Schweinfurt eine Schule ihren Namen, um ihre Tätigkeit als Philosophin und Lehrerin zu würdigen.

Olympia Fulvia Morata wurde 1526 in der oberitalienischen Stadt Ferrara geboren, die schon seit Beginn des 14. Jahrhunderts eine Universität hatte. Am Ufer des Po gelegen, war sie ein Handelsumschlagplatz, der zum Wohlstand ihrer Bürger beigetragen hat und in ganz Italien berühmt war. Ferrara wurde von der Familie Este regiert, die viele Palazzi errichten ließ und die Bildung für alle Schichten förderte. So war es kein Zufall, dass Renata von Frankreich, die Frau des Herzogs, Olympia als Studiengefährtin für ihre Tochter Anna ausgesucht hatte. Olympias Vater Fulvio Pellegrino war der Erzieher der Fürstensöhne Ippolito und Alfonso, die er vor allem in Griechisch, Latein und Philosophie unterrichtete. Er galt als einer der wichtigsten Gelehrten der Stadt, dessen Gedichte von vielen Menschen verehrt wurden, und schrieb auch das erste italienische Reimwörterbuch. Durch eine Begegnung mit

Celio Curione in Vicenza, der später Olympias väterlicher Freund und Briefpartner wird, lernte Fulvius auch die Ideen von Martin Luther kennen. Er unterrichtete mit fast 50 Jahren sein erstes Kind selbst, bevor es 1539 zum Studium in den Palazzo der Estes ging. Olympia machte unter seiner Obhut die ersten Schritte in Griechisch und Latein und lernte die Werke der antiken Literatur kennen.

Du bist meine Tochter und trachtest danach, nicht nur schmuckvoll zu reden, sondern die Rede auch ansprechend vorzutragen. (…) Marcus Tullius (Cicero) hat diejenigen gelobt, welche gewisse Wörter, die sonst sehr rauh klangen, durch ihre sehr glatte Aussprache milderten, weil sie sich die erforderliche Mühe gaben, die Wörter ganz milde und glatt, ohne den Lärm und Krach, wie ihn etwa ein brennender Wald zu erzeugen pflegt und ohne Zusammenstoß von Vokalen weich und leicht fließen zu lassen.

Im Palazzo der Estes herrschte ein reformatorischer Geist mütterlicherseits, denn Renata hatte einige Jahre früher ihren geflüchteten Landsmann Johannes Calvin in Ferrara empfangen. Seitdem war sie eine glühende Anhängerin seiner Ideen, was dem Herzog sichtlich missfiel. Die Herzogin kannte bereits aus ihrer französischen Heimat die calvinistischen Ideen und engagierte mit Bedacht zwei protestantisch gesinnte Hauslehrer für Anna und Olympia. Die Brüder Johann und Kilian Sinapius kamen aus Schweinfurt. Sie galten als fachkundige Spezialisten in griechischer und römischer Literatur und Philosophie. Johann war zudem der Leibarzt der Herzogin und vor seiner Ankunft in Italien Professor für Griechisch in Heidelberg. Später wird Olympia von ihnen sagen, dass sie ihre Neugier für die Antike geweckt haben, für den freien Geist und das Ideal einer Harmonie zwischen Körper und Seele. Die Brüder unterrichten die beiden Mädchen auch in den sieben freien Künsten: Rhetorik, Grammatik, Logik, Astronomie, Musik, Arithmetik und Georgrafie. Sie gehörten zum klassischen Bildungskanon eines gelehrten Mannes, der an einer Universität studieren wollte. Für Mädchen galt dieser Kanon nicht. Dennoch absolvieren Olympia und Anna diese Studien mit einem Selbstverständnis, das für die damalige Zeit ungewöhnlich ist. Denn obwohl sie Mädchen waren, widmeten sie sich mit großem Eifer einer systematischen wissenschaftlichen Ausbildung, und der Hof förderte ihren Lerneifer. Die Brüder regten die beiden Schülerinnen immer wieder an, eigenständig auch philosophische Texte zu interpretieren, was Olympia besonders geschätzt hat.

Ich werde mich bemühen, in den Wissenschaften voranzukommen. Ein Schüler erscheint nämlich weder als undankbar noch als unverständig, wenn er die Sinnesart, Tüchtigkeit und Gepflogenheit seines Lehrers, so gut er es vermag, nachzuahmen versucht.

Dennoch wären die wissbegierigen Mädchen im 16. Jahrhundert unter keinen Umständen zu weiterführende Studien an einer Universität zugelassen worden. Denn gemäß der gesellschaftlichen Konvention bestand ihre Aufgabe darin, irgendwann einmal zu heiraten und die Familie aufrechtzuerhalten. So musste Anna später aus politischen Gründen den lothringischen Herzog Franz von Guise heiraten, einem der schärfsten Gegner der Reformation und Anführer der Katholiken im Hugenottenkrieg. Dennoch riss der Kontakt auch unter diesen schwierigen politischen Verhältnissen zwischen den beiden Studienfreundinnen nie ab. Später bittet Olympia Anna in mehreren geheimen Briefen darum, Hugenotten, die aus Glaubensgründen fliehen mussten, in Lothringen Schutz zu gewähren.

Du weißt, dass so viele Menschen, die jetzt dort verbrannt werden, vollkommen unschuldig sind und wegen des Evangeliums Christi so grausame

Qualen leiden, so ist es gewiss deine Pflicht, ihnen deine Überzeugung offen zu zeigen, entweder indem du sie vor dem König rechtfertigst oder indem du für sie um Gnade bittest.

Olympia ermahnt ihre Freundin, wie einst Scaevola Mut zu zeigen. Denn Stillschweigen erwecke den Anschein, dass man mit dem Morden einverstanden sei.

Olympias und Annas wissenschaftliche Studien am Hof von Ferrara wurden jäh unterbrochen, als Olympias Vater im Jahr 1548 ernsthaft erkrankte. Olympia musste von heute auf morgen ihr bisheriges Leben aufgeben, um als älteste Tochter ihren todkranken Vater zu pflegen, wie es die Tradition vorsah. Als er Ende des Jahres stirbt, bleibt seine Witwe fast mittellos zurück und muss vier Kinder versorgen. Olympia bittet deshalb Celio Curione um Beistand. Er soll für sie und ihre Geschwister, insbesondere den kleinen Emilio, der väterliche Beistand sein. Was anfangs als privater Briefwechsel mit alltäglichen Sorgen und Nöten beginnt, mündet in einen der geistreichsten Briefwechsel der Reformationszeit, der uns über Olympias Gemütslage, ihre Ziele und Absichten und ihre Fluchtwege nach Deutschland genau informiert.

Olympia liebte ihren Vater sehr, denn er öffnete ihr die Wege in die Wissenschaft und sie führte mit ihm auf dem Sterbebett noch viele Gespräche über die Antike. Er ermunterte sie auch, nach seinem Tod an den Hof zurückzukehren und ihre Studien wiederaufzunehmen. Aber ihre Erwartungen wurden bitter enttäuscht. Ihre Studiengefährtin Anna war inzwischen mit Franz von Guise verheiratet worden. Olympia hätte jedoch auch mit Annas Schwestern weiter studieren können. Aber niemand am Hof wollte sie wieder aufnehmen. Man ließ sie wissen, dass Anna verheiratet und der Unterricht nunmehr beendet sei. Für sie gäbe es künftig keine weitere Verwendung am Hofe. Olympia konnte diese Demütigung und jähe Wendung in ihrem Leben nicht begreifen. Erst pflegte sie aufopferungsvoll ihren Vater, mit der Zuversicht, bald wieder lernen zu dürfen. Und plötzlich wird von heute auf für morgen die Tür des Palazzo für immer zugeschlagen. Zu Annas Mutter wird sie nicht vorgelassen und die Hofgesellschaft tut so, als hätte es Olympia niemals gegeben. Die junge Frau verlässt fluchtartig den Palazzo, die Welt scheint unter ihren Füßen zu versinken. Zu diesem Zeitpunkt weiß sie allerdings noch nicht, dass Renata bereits unter Hausarrest steht und dem Geist des Humanismus von der Inquisition der Atem abgedreht wird.

Ich sah mich von Stund an von meiner Fürstin verlassen und auf unwürdigste Weise behandelt. Und dies widerfuhr gleichzeitig auch meinen Schwestern. Wir alle erhielten von unserem Fürsten diesen Lohn: Für mühevollen Dienst ernteten wir Hass.

Nachdem Olympia wieder nach Hause zurückgekehrt war, beschlich sie zunächst ein Gefühl der Verzweiflung. Sie kümmerte sich um die Erziehung und Bildung ihrer drei Schwestern und des kleinen Emilio. Sie brachte ihnen Griechisch und Latein bei, damit auch sie den Geist der Freiheit und die Tugend der Tapferkeit aus der griechisch-römischen Antike spüren konnten. Sie selbst beschäftigte sich intensiver mit der Philosophie Senecas und Ciceros. Die stoische Ataraxia gab ihr in dieser Zeit allmählich neuen Mut: Was immer auch kommt, ertrage dein Schicksal und bewahre deine Gemütsruhe. Kümmere dich um dich selbst und arbeite daran, das Beste aus deinem Leben zu machen. Du musst deinen Weg gehen, unabhängig davon, was die anderen dazu sagen. Denn der Geist, so Seneca, hat seinen Wert in sich. Er ist der Kompass, der uns durchs Leben führt.

Dieser Kompass gab auch einem jungen Mann Orientierung, den Olympia noch am Sterbebett ihres Vaters kennen gelernt hatte. Es war der deutsche Arzt Andreas Grundler. Er hatte in Leipzig, Heidelberg und Paris studiert und an der Universität von Ferrara den Doktorgrad erworben. Durch die Brüder Sinapius fand er auch Zugang zur Hofgesellschaft.

Andreas Grundler interessierte sich neben der Medizin auch für griechische und römische Literatur und Philosophie, sodass zwischen beiden jungen Leuten ein zartes Band des Geistes und der Zuneigung geknüpft wurde, das sie 1549 durch ihre Heirat festigten. Die Braut schreibt vor Begeisterung ein griechisches Gedicht – eine Huldigung an ihren Vater – in dem sie Gott um seinen Segen für die Ehe bittet.

Kurze Zeit nach der Hochzeit begibt sich Andreas Grundler nach Deutschland, um für sich und seine Familie eine Bleibe zu suchen. Denn die Eheleute begreifen allmählich, dass sie in Ferrara kein gemeinsames Leben führen können, weil ständig das Damoklesschwert der Inquisition sie daran erinnern würde, dass sie Protestanten sind.

Während Andreas nach Deutschland reiste, schrieb Olympia ihr erstes philosophisches Werk, den *Dialog zwischen Theophila und Philotima*. Sie wählte dafür die in der Antike übliche Form des Dialogs mit Rede und Gegenrede. Sie diente dazu, aufgrund persönlicher Erfahrungen weiterführende Gedanken zu entwickeln und sie gegenüber Gesprächspartnern argumentativ zu rechtfertigen. So war der griechische Philosoph Platon ein Meister dieser Gesprächsform. Er schrieb alle seine philosophischen Werke als Dialoge und machte seinen Lehrer Sokrates darin zur Hauptperson, die den gemeinsamen Reflexionsprozess initiierte und leitete.

Olympia orientierte sich an dieser antiken Dialogform. Sie übernahm als Theophila wie Sokrates die Aufgabe, das Gespräch zu führen. Ihre Freundin Lavinia della Rovere, die sie als Hofdame in Ferrara kennen gelernt hatte, verkörperte die Philotima. Beide Namen wurden bewusst gewählt. Theophila ist diejenige, die Gott liebt, während Philotima die Ehre und das irdische Leben liebt. Bei Platon ist *philotimia* die Voraussetzung, um Weisheit zu erlangen, die auf persönlichen Erfahrungen beruht, aus der sich weiterführende Gedanken entwickeln sollen.

In diesem Sinne ringen beide Philosophierende in Olympias Dialog um die Frage, worin das Lebensglück des Menschen besteht. Theophila verweist als Kompass auf das himmlische Glück, Philotima hingegen kämpft für das irdische Glück. In der Antike wäre ein solcher Dialog zwischen zwei Frauen undenkbar gewesen, insofern hat Olympia neue Maßstäbe in der philosophischen Gesprächskultur gesetzt.

Olympias Dialog beginnt wie bei Sokrates mit einer alltäglichen Erfahrung, unter der Olympia durch die Reise ihres Mannes nach Deutschland selbst litt. Sie überträgt ihre persönliche Situation auf Philotima. Diese beklagt sich bei ihrer Freundin, dass ihr Mann so häufig abwesend sei.

Er nimmt keine Rücksicht auf mich, die ich von ihm getrennt sein muss. Mir allein geht es hier schlecht, während er es sich gut gehen lässt. Diese und andere Sorgen reiben mich auf.

Philotima gesteht ihrer Freundin mit einem Seufzer, dass sie sich ihr Lebensglück anders vorgestellt habe. Sie wollte früher ihr ganzes Leben an der Seite eines Mannes führen, mit dem sie Körper und Seele teilen kann, was ihr aber verwehrt geblieben sei. Theophila verweist darauf, dass es in der Bibel viele Geschichten gäbe, die uns erzählen, dass es im Leben oftmals anders zugeht als man sich das vorgestellt habe. Und sie ermahnt ihre Freundin, auf Gott zu vertrauen. Theophila versucht ihr klarzumachen, dass sie beim Nachdenken über das Glück von ihrer eigenen Person Abstand nehmen müsse und nicht zu denen aufblicken solle, denen es besser geht als ihr. Vorbild sollten vielmehr die Bedrängten und Leidenden sein, zu denen auch manche Heilige gehören, von denen die Bibel erzählt.

Philotima lässt sich durch Theophilas Argumente jedoch nicht von ihrem Anspruch wegführen, ihr eigenes Lebensglück verwirklichen zu wollen. Sie möchte von ihrem Mann mehr Zugeständnisse haben, ein eigenes Leben führen zu dürfen und sie will sogar eigenes Geld besitzen und Frauen ihres Standes zum Frühstück einladen. Feministische Philosophinnen wie Olympe de Gouges aus Frankreich und Mary Wollstonecraft aus England haben diese Forderung zweihundert Jahre später in ihren Fraurechtserklärungen wieder aufgenommen.

Für Theophila sind diese Wünsche allerdings nur äußerliche Dinge. Je mehr sich die Menschen aber der Schönheit ihrer Seele widmen, desto mehr lernen sie, im Sinne der stoischen Philosophie Schicksalsschläge wie Einsamkeit und Verzweiflung mit Gelassenheit zu ertragen. Theophila hebt hervor, dass das Leben sowieso von Gott vorherbestimmt sei und wir uns deshalb nicht ständig mit unserem Unglück beschäftigen sollten. Dennoch bleibt Philotima weiterhin skeptisch. Deshalb versucht Theophila nun, ihre Freundin nicht mit biblischen Argumenten, sondern mit dem Beispiel des Kurfürsten von Sachsen zu überzeugen. Friedrich I. war während des Schmalkaldischen Krieges 1546 von der kaiserlichen Truppen gefangen genommen worden. Sein eigener protestantischer Vetter Moritz von Sachsen hatte ihn verraten. Karl V. ließ ihn zum Tod verurteilen, was Moritz allerdings verhinderte. Friedrich musste bei verschärfter Kerkerhaft sechs Jahre lang von seiner Frau getrennt leben, bis er 1552 nach dem Interim freigelassen wurde. Für Theophila ist Friedrich deshalb ein protestantischer Held.

Ich möchte aber nur eine ausgezeichnete Frau und ihren Gatten, den erlauchten Herzog von Sachsen, erwähnen. Wie groß glaubst du, sind die Schmerzen über eine so lange währende Trennung, da ihre Liebe so innig und gegenseitig ist? Und er steht jetzt nicht wie dein Gemahl in hohen Ehren, sondern ist als Gefangener fern, all seines Besitzes beraubt. Allen Schmuckes und aller Auszeichnungen bar, verachtet, verstoßen, in der Gewalt des Feindes, und dabei so fromm und redlich, dass es vielleicht – ich spreche von Fürsten – auf Erden nichts Ähnliches gibt.

Philotima ist zwar vom Schicksal des Herzogs beeindruckt, aber sie erklärt ihrer Freundin, dass es ja gerade Gott so eingerichtet habe, dass die Menschen zunächst über sich selbst und ihre eigenen Probleme nachdenken. Sie besteht deshalb auch weiterhin darauf, in ihrem eigenen Leiden von der Freundin ernst genommen zu werden.

Der Dialog hat wie in der Antike einen offenen Ausgang. Beide Freundinnen ringen um die sittliche Vervollkommnung des Menschen, die sie letztendlich im Glauben und der Orientierung an Christus finden wollen. Philotima besteht aber weiterhin auf einer Verbindung zwischen irdischem und himmlischem Glück.

Das irdische Glück von Olympia schien im Jahr 1549 endgültig aus den Fugen zu geraten. Sie musste miterleben, wie der evangelische Prediger Fanino Fanini erneut verhaftet und von der Inquisition gefoltert wurde. Sie sah deshalb die Zeit gekommen, von Ferrara endgültig Abschied zu nehmen. Wenn selbst die Herzogin keine Gnade für den Gepeinigten erwirken konnte, waren alle seine Freunde und Bewunderer, zu denen auch die Grundlers gehörten, in großer Gefahr. Ercole II. machte der Herzogin klar, dass sie die nächste auf der Inqisitionsbank sein könnte, wenn an Fanini kein Exempel statuiert würde, um die Fackeln des Protestantismus auszulöschen. Und so wurde Fanini am 22. August 1550 auf dem Scheiterhaufen verbrannt.

Übermächtig bewegte mich der Tod Faninos, eines Mannes, den eine tiefe Frömmigkeit beseelte; mag seine große Standhaftigkeit meinen Schmerz auch später lindern.

Im Herbst verlassen Olympia und Andreas Ferrara. Olympia musste ihre Mutter und ihre Schwestern zurücklassen und in ein Land ziehen, dessen Sprache und Kultur sie nicht kannte. Aber nach den vielen stürmischen Fluten in ihrem Heimatland schien ihr Deutschland ein sicherer Hafen zu sein. Die Wege der Kommunikation mussten allerdings Berge und Täler überwinden. Denn meistens war ein Brief zwischen Deutschland und Italien mehrere Monate unterwegs. Auf Bitten der Mutter nahm Olympia ihren 8-jährigen Bruder Emilio mit auf die Reise, um ihn zu unterrichten und zu betreuen. Denn nur in Olympias Familie hatte er eine Zukunft, da die Mutter seine Bildung nicht bezahlen konnte, wohl aber der Arzt Andreas Grundler.

Der Abschied von Ferrara fiel Olympia unendlich schwer, da sie hier glückliche Kindheits- und Jugendjahre verlebt hatte. Deshalb tröstete sie sich mit einem Rat von Cicero:

Nur die Weisheit ist es allein, die die Traurigkeit aus dem Gemüt bannt, die uns nicht vor Furcht erbeben lässt; unter ihrer Leitung lernt man die Glut der Leidenschaften ersticken und so in Ruhe leben.

Mit der Sehnsucht nach der glücklichen Vergangenheit beginnt die mühsame Reise der Grundlers über die Alpen. Sie war damals ein fast nicht zu bewältigendes Abenteuer mit ungewissem Ausgang. Denn die Familie musste auf dem viel befahrenen Romweg über Verona und Bozen fast 600 Kilometer bis nach Schweinfurt zurücklegen, und manchmal schafften die Grundlers mit Büchern und Hausrat nur wenige Kilometer an einem Tag. Die schwierigste Etappe war allerdings die Überquerung des Brennerpasses, die sie zu ihrem größten Erstaunen ohne erhebliche Schwierigkeiten bewältigen konnten. Aber auch nach diesem Höhepunkt wechselten kleine und größere An- und Abstiege mit den Jahreszeiten, begleitet von Sturm und Gewitter.

Als die Grundlers ermattet von der Reise in Andreas´ Geburtsstadt ankommen, geraten sie mitten in die Wirren der Auseinandersetzung zwischen Albrecht Alcibiades, der einige fränkische Städte brandschanzte, und den Truppen von Kaiser Karl V. Alcibiades hat mit seinen militärischen Abenteuern letztendlich nicht nur die Fürstin von Calenberg-Göttingen finanziell und politisch ruiniert, sondern ist auch für das spätere Unglück der Familie Grundler mit verantwortlich.

Als die Kutsche der Grundlers im Spätherbst 1550 Schweinfurt erreichte, herrschte dort helle Aufregung. Der Kaiser wollte mehrere hundert spanische Soldaten in der Stadt überwintern lassen, worauf ihre Bürger schlimme Krankheiten wie die Pest befürchteten. Die Stadtväter boten dem Mediziner deshalb an, sich als Stadtarzt in Schweinfurt niederzulassen, um die aufgebrachten Bürger zur beruhigen und bei Bedarf medizinisch zu behandeln. Eine Bleibe hatte die Familie schon, weil das Geburtshaus von Andreas noch gut erhalten war. Olympia begann sofort, die Koffer und Kisten auszupacken, um nach den Strapazen der Reise endlich Ruhe zu finden. Und sie war stolz auf ein Stück Heimat, das ihr hinterher gereist war: Die Bibliothek ihres Vaters bildete für sie die Quelle eigener Studien und sollte vor allem Emilios Ausbildung befördern.
Inmitten einer protestantischen deutschen Kleinstadt, die von katholischen kaiserlichen Truppen bevölkert wurde, schuf sich Olympia gleich zu Beginn ihres Aufenthaltes eine kleine italienische Oase. Und sie konnte sich noch auf ein weiteres kleines Stück Heimat stützen, das sie an den Glanz ihrer Jugend erinnerte: Sie sah ihren Lehrer Johann Sinapius wieder, der ihr und ihrer Freundin

Anna einst das Ideal der griechisch-römischen Antike nahe gebracht hatte. In der Umkehrung des Schicksals vertraute er nun ihr seine Tochter Theodora an, die sie in Griechisch und Latein unterrichten sollte. Für Emilio war das ein Ansporn, gemeinsam mit einem Mädchen zu lernen. Olympia selbst zeigte allerdings keine große Neigung, die deutsche Sprache zu erlernen. Sie zog es vor, in Latein zu kommunizieren.

In ihrer neuen Heimat Schweinfurt konnte die italienische Philosophin nun ungehindert alle jene Bücher lesen, die sie in ihrem reformatorischen Denken bestärkten: die lateinischen Schriften Martin Luthers und Johann Calvins. Sie nutzte ihre geistige Freiheit zu ausführlichen Bibelstudien und eigenen Psalmenbearbeitungen in griechischer Sprache.

Während ich früher eine sehr starke Abneigung gegen religiöse Literatur empfand, habe ich jetzt allein an ihr meine Freude und richte all meinen Eifer auf sie, um all das möglichst tief zu verachten, was ich einst so ehr zu bewundern pflegte: Reichtum, Ehren, Vergnügungen.

Olympia unterdrückte ihre Sehnsucht nach der Heimat, indem sie sich klarmachte, dass sie dort das gleiche Schicksal ereilen könnte wie Fannio Fanini. Fünfzig Jahre später wird dem Philosophen und Theologen Giordano Bruno dieser Fehler zum Verhängnis. Er verlässt von Heimweh getrieben Wittenberg und kehrt nach Italien zurück, wo er 1600 auf dem Scheiterhaufen verbrannt wurde. Er hatte die Macht der Inquisition unterschätzt und daran geglaubt, dass sich die katholische Kirche verändern könnte.

Aber auch Schweinfurt bot der Familie Grundler nicht die erhoffte Sicherheit. Nach dem Abzug der spanischen Truppen besetzte Albrecht Alcibiades 1553 die Stadt, die er als Militärbasis für seine räuberischen Feldzüge gegen Nürnberg und Bamberg nutzten wollte. Die Bürger der Stadt waren gegen ihn machtlos – der Rat der Stadt hatte ihn zuvor um Schonung der Zivilbevölkerung gebeten und die Neutralität von Schweinfurt in diesem kriegerischen Konflikt betont. Leider vergebens. Denn die Gegner des Markgrafen waren die Bischöfe der geplünderten Städte sowie Moritz von Sachsen, Wilhelm von Hessen und Heinrich von Braunschweig-Wolfenbüttel, die nur ein Ziel hatten: Albrecht Alcibiades zu besiegen. Dafür war ihnen jedes Mittel recht. Ihre Truppen zogen einen Belagerungsring um die Stadt und nahmen sie Tag und Nacht mehrfach unter Artilleriebeschuss. Sie hatten beschlossen, Schweinfurt allmählich auszuhungern, damit Alicibiades die Waffen streckt. Getroffen hat diese Taktik jedoch nur die Zivilbevölkerung.

Man hätte in den Nächten meinen können, die ganze Stadt werde in Flammen aufgehen, und oft waren wir damals gezwungen, in einem Weinkeller Zuflucht zu suchen.

Während die Bürgerinnen und Bürger zunehmend an Hunger leiden und sich in ihren Häusern verschanzen, verlässt Albrecht Alicibiades am 12. Juni 1554 heimlich Schweinfurth und überlässt die Stadt schutzlos seinen Gegnern. Der Schweinfurter Stadtschreiber Kilian Göbel beschrieb ihren Einzug so:

Nachts fallen die Knechte neben dem zerschossenen Mühlturm herein, stechen tot, was ihnen unter die Hände kommt, schreien: Feuer her, stich tot!

Olympia und ihrer Familie gelingt erst in der letzten Minute die Flucht. Barfuß und nur mit einem dünnen Leinenhemd bekleidet verlässt sie mit Andreas und Emilio das Haus. Sie müssen alles zurücklassen.

Wir verließen die Stadt, allerdings so ausgeraubt und von allem entblößt, dass wir nicht einen Pfennig mitnehmen konnten, ja sogar mitten auf dem Markt wurden uns die Kleider von Leibe gerissen, und mir blieb nichts als ein leinenes Gewand, um meinen Körper zu bedecken.

Vor den Toren der Stadt soll Andreas von Moritz' Truppen gefangen genommen werden, was seine Frau durch ihr Bitten und Flehen auf Italienisch verhindert. Schließlich wird er freigelassen, weil man ihn nicht als Soldaten betrachtet. Diese Prozedur wiederholt sich noch einige Male, bis die Familie nach einem strapaziösen Fußmarsch auf Schloss Fürstenau ankommt, das dem protestantischen Grafen von Erbach gehört. Dort wird Olympia von der Frau des Grafen mit großer Fürsorge gepflegt, weil sie sich auf der Flucht eine fiebrige Erkältung zugezogen hatte; wahrscheinlich war es eine beginnende Tuberkulose. *Treuer Beistand all der gequälten Menschen und ein starker Schutz ist mein Gott, der hin zu allen jenen kommt als ein Helfer, die so vieles erleiden.*

Im Sommer zieht die Familie dann weiter nach Heidelberg, wo Andreas nun endlich eine Professur für Medizin erhalten soll. Der Graf von Erbach hatte sich beim pfälzischen Kurfürsten Friedrich II. für ihn eingesetzt. Die Universität richtete daraufhin einen speziellen Lehrstuhl für ihn ein. Aber auch Olympia wird eine Lehrtätigkeit als Dozentin für Griechisch in Heidelberg in Aussicht gestellt, was für die damalige Zeit ein ungewöhnliches Angebot war. Der kurfürstliche Sekretär Hubert Thomas hat in seiner Chronik vermerkt, das Olympia zur *Zierde der Universität den Umgang mit griechischen Texten* lehren sollte, aus Krankheitsgründen aber bisher nicht zugesagt habe. Bei späteren Nachforschungen wurde dieses Lehrangebot an eine Frau in Zweifel gezogen. Zumindest hat Olympia als Privatgelehrte noch eine Zeitlang Emilio und andere Schüler in ihrem Haus unterrichtet, jedoch ohne die Bibliothek ihres Vaters, die sie in Schweinfurt zurücklassen musste. Allerdings gelang es Johann Sinapius ein Buch von Plutarch aus Olympias Bibliothek auf dem schwarzen Markt zurückzukaufen und ihr *gleichsam wie einen von den Seeräubern losgekauften Gefangenen* nach Heidelberg zu schicken.

Olympias kurzes Leben in Heidelberg war geprägt von der Sorge um das Notwendigste, denn die Grundlers hatten alles im brennenden Schweinfurt zurücklassen müssen und ein Honorar der Universität war erst für einige Monate nach Andreas´ Anstellung zu erwarten. Andreas Grundler musste deshalb ihm noch verbliebene Goldringe ins Pflandleihhaus bringen und einen Freund um zwanzig Goldgulden bitten, damit die Familie eine Wohnung einrichten konnte.

In dieser alltäglichen Not litt Olympia an ständig wiederkehrenden Schwächeanfällen und einem schier unaufhaltsamen Husten, der ihr immer wieder die Kehle abschnürte. Ihr Mann musste hilflos mit ansehen, wie sie von Tag zu Tag schwächer wurde und begann an seiner medizinischen Heilkunst zu zweifeln.

Diese Ohnmacht trug wahrscheinlich dazu bei, dass Olympia ihren Tod in den letzten Wochen voraus geahnt hat. Sie bat Curione in einem letzten Brief, dass er an ihre Schriften *die letzte Feile* anlegen und sie posthum herausgeben solle.

Ich glaube ganz bestimmt, dass ich in kurzem scheiden werde. Ich lege dir die Kirche an das Herz, dass alles, was du tust, ihr Nutzen bringt. Leb wohl, bester Celio, und wenn du die Nachricht von meinem Hinscheiden erhältst, sei nicht traurig; denn ich weiß, dass ich dann erst leben werde, und mich verlangt schon, „dahinzuscheiden und bei Christus zu sein."

Olympia Fulvia Morata starb am 26. Oktober 1555 in den Armen ihres Mannes und war noch nicht einmal 30 Jahre alt. Andreas

Grundler schickte ihren letzten Brief an Celio Curione erst nach ihrem Tod ab und fügte tröstend hinzu:

Sie verschied mit einem sehnsüchtigen Verlangen und einem sozusagen freudigen Eifer zu sterben, da sie überzeugt war, dass sie aus langwierigen Qualen und diesem leidvollen Dasein von hier zu einer ewig währenden Glückseligkeit abberufen würde.

Olympia fühlte sich noch auf dem Sterbebett als Tochter Gottes und war davon überzeugt, dass Gott ihr diesen mühevollen, aber kurzen Lebensweg zugemessen hatte und sie nun zum ewigen Leben zu sich nehmen würde. *Hinzuscheiden begehr ich, so starkes Verlangen beseelt mich, um bei Christus zu sein, der meinem Leben gibt Kraft.*
Andreas Grundler stürzte Olympias Tod in zunehmend tiefe Verzweiflung. Er war nicht in der Lage, ihrer Mutter in Ferrara die leidvolle Todesnachricht zu überbringen. Er bat deshalb Celio Curione der Familie einen Abschiedsbrief zu schreiben.

Einen Monat später starb Andreas Grundler selbst, vermutlich an der Pest. Und auch Emilio wurde gemeinsam mit ihm aus dem Leben gerissen. Alle drei Grundlers fanden auf dem Friedhof an der Peterskirche ihre letzte Ruhe, wo heute eine Gedenktafel an sie erinnert. Von Olympia bleibt uns – wie ihr väterlicher Freund Curione schrieb – ein *helles Licht des Jahrhunderts*, das leider viel zu früh verloschen ist.

Für das Leben aber darf man nicht allein dieses halten, das vom Körper und Geist erfasst wird, sondern viel mehr jenes, welches in der Geschichte aller Jahrhunderte seine Kraft zeigt und das die Nachwelt weiterhegen, ja auf welches die Ewigkeit selbst stets blicken wird.

Epitaph für Olympia Fulvia Morata, Peterskirche, Heidelberg.

Dem ewigen Gott geweiht. Der Tugend und dem Gedenken der Olympia Morata, des Gelehrten Fulvio Morato aus Ferrara Tochter, des Arztes Andreas Grunthler vortrefflichster Gattin, deren Geisteskraft und seltene Kenntnis beider Sprachen, deren sittliche Reinheit und höchstes Streben nach Frömmigkeit über jedes gewöhnliche Maß erhaben gelten, welch Urteil der Menschen über ihr Leben ein seliger Tod, dem sie heiligst und friedfertigst sich unterwarf, auch mit göttlichem Zeugnis besiegelt hat. Sie starb auf fremdem Boden im Jahr des Heils 1555, im neunundzwanzigsten Jahr ihres Alters. Mit dem Gatten und dem Bruder Emilio ist sie hier beigesetzt. Der Hochverdienten setzte Wilhelmus Rascalonus, Doktor der Medizin, fromm (dieses Denkmal).

2

Die Reformation geht weiter …

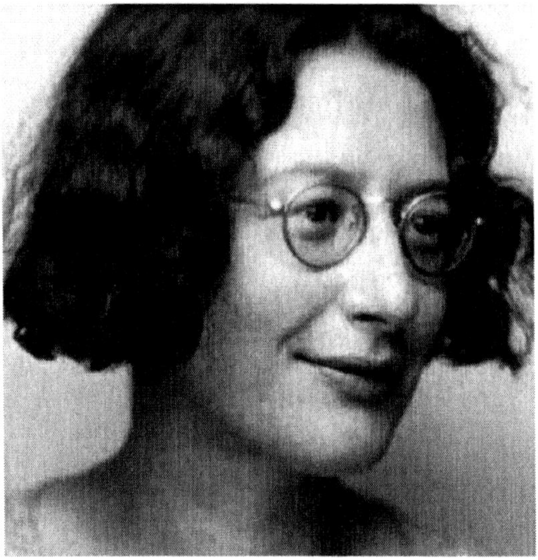

Helen Oppen

Religion als Bürde und Last: Simone Weil

*Nichts auf der Welt kann das Gefühl
des Menschen verhindern,
für die Freiheit geboren zu sein.*

Erwachsenwerden in behüteter Familie

Simone Adolphine Weil wurde am 3. Februar 1909 in Paris geboren. Sie wuchs in wohlhabenden Verhältnissen auf. Ihr Vater war ein aus dem Elsass stammender Internist. Ihre Mutter wurde in Rostow am Don in Russland geboren. Beide Elternteile waren jüdische Freidenker und Demokraten. Sie erzogen ihre Tochter und den drei Jahre älteren Bruder André, der später ein berühmter Mathematiker wurde, nicht religiös.
Trotz zweier Weltkriege war Simones Jugend von familiärer Sicherheit, Liebe und Zärtlichkeit geprägt. Ihre Eltern waren ein Leben lang die wichtigsten Bezugspersonen für sie. Sie achteten auf eine exzellente Bildung ihrer Tochter. So konnte Simone bereits mit vier Jahren lesen, war sprachlich sehr begabt und legte mit 15 Jahren das *baccalauréat* ab, das französische Abitur. Seelisch und körperlich war sie jedoch überempfindlich und wird als eigenwillig und starrsinnig beschrieben.
Während ihrer Gymnasialzeit hatte Simone Weil Unterricht bei Émile Chartier, der unter dem Pseudonym Alain (1868–1951) philosophische Prosa und Zeitungsartikel über Alltagsthemen wie Glück oder Gerechtigkeit veröffentlichte. Er prägte Simones Weltbild durch seine Moral- und Religionsphilosophie und hatte auch Einfluss auf ihre spätere Weise des Philosophierens. Bei ihm lernte sie den Marxismus und Theorien über die Freiheit kennen. Alain regte seine Schülerinnen zum eigenen Nachdenken über Probleme des Lebens und Denkens an. Er war es auch, der Simone zu

einem sozialen Engagement in einer revolutionären Gewerkschaftsbewegung motivierte. Sie setzte sich für die Rechte der Arbeiter ein, indem sie zum Beispiel an Demonstrationen in vorderster Reihe teilnahm und ihre finanziellen Mittel mit Arbeitslosen teilte.

Im Jahre 1928 begann Simone Weil mit dem Philosophiestudium, das sie 1931 mit dem Staatsexamen abschloss. Ihre erste Anstellung als Philosophielehrerin erhielt sie in einer Mädchenschule in Le Puy an der Loire. Obwohl sie ein etwas schwieriger Mensch zu sein schien, mochten die Schülerinnen sie und ihren interessanten Unterricht. Sie lehrte nicht nur Philosophiegeschichte, sondern das Philosophieren als Selbstdenken nach Alain. Außerdem behandelte sie Texte des deutschen Philosophen Karl Marx (1818-1883). Marx wollte eine neue Gesellschaft entwickeln, in der die Arbeiterklasse die Macht ausübt und den Kapitalisten die Produktionsmittel entreißt.

Simones äußeres Erscheinungsbild entsprach allerdings ganz und gar nicht ihrer Rolle als Lehrerin. Sie wird als ungepflegt und *unweiblich* beschrieben, was durchaus etwas damit zu tun haben könnte, dass sie die „typische Frauenrolle" ablehnte und Eltern und Kollegen provozieren wollte.

Im Jahr 1934 nahm sie sich ein unterrichtsfreies Jahr. Sie wollte die Erfahrung machen, wie es ist, schwere körperliche Arbeiten zu verrichten. Deshalb arbeitete sie in mehreren Fabriken, meistens am Fließband und führte darüber ein „Fabriktagebuch". Zu diesem Zeitpunkt entstand auch ihr wichtigstes philosophisches Werk „Unterdrückung und Freiheit". Darin fordert sie, die Fließbandarbeit abzuschaffen und jedem Arbeiter das Recht auf ein menschenwürdiges Leben zu ermöglichen: einen guten Verdienst, keine stumpfsinnige Arbeit, ein eigenes Haus und freie Zeit zum Denken. Denn von allen Eigenschaften des Menschen, die ihn vom Tier unterscheiden, stellt die Freiheit die für sie wichtigste Eigenschaft dar. Selbst wenn der Mensch in Ketten liegt, kann ihm niemand die Gedanken an ein würdiges Leben verbieten. Der Mensch kann immer Pläne machen, kann immer denken, kann immer nach Lösungen suchen und von einer besseren Welt träumen, deshalb kann kein Herrscher ihn absolut versklaven.

Der Kampf gegen Unterdrückung hatte für Simone auch einen praktischen Aspekt. Vom 8. August bis zum 25. September 1936 unterstützte sie die Republikaner im Spanischen Bürgerkrieg, die gegen die Diktatur von Franco kämpften. Sie kehrte aber nach einem Unfall wieder nach Frankreich zurück.

Im Herbst 1937 nahm sie den Schuldienst in einem Gymnasium in der Nähe von Paris wieder auf, musste jedoch aus gesundheitlichen Gründen am Anfang des folgenden Jahres aufhören zu arbeiten, da sie an sehr starker Migräne litt. Wahrscheinlich führte diese Krankheit auch dazu, dass sie begann, sich zunehmend mit religiösen Fragen auseinanderzusetzen. Sie fing an, sich für das katholische Christentum zu interessieren. In einem Benediktinerkloster in Italien erlebte Simone Weil eine religiöse Erweckung. Der Dominikanerpater Joseph-Marie Perrin hatte einen besonderen Anteil an ihrer Hinwendung zu Gott. Mit ihm diskutierte sie darüber, sich taufen zu lassen, doch entschied sie sich zunächst dagegen.

Im Jahr 1942 floh Simone Weil während des Zweiten Weltkriegs mit ihren Eltern ins Exil nach New York, kehrte jedoch von Sehnsucht getrieben nach Europa zurück und fing noch im gleichen Jahr an, sich in England im Widerstand gegen die Deutschen zu engagieren und in einem Kriegslazarett Kranke zu pflegen. Die Leidenspflicht, die sie sich dabei selbst auferlegte, verstärkte sich von Tag zu Tag. Am 24. August 1943 starb Simone Weil in Ashford, England mit nur 34 Jahren an Unterernährung und Lungentuberkulose.

Der religiöse Lebensentwurf

Während meiner Recherche zum Leben und Denken von Simone Weil stieß ich auf das Buch „Simone Weil – Theologische Splitter" von Wolfgang W. Müller. Dort heißt es: *Simone Weil fasziniert und irritiert, ruft Widerspruch und Zustimmung hervor.* Und genau so erging es mir auch.
Ich war fasziniert davon, wie sie sich schon im jungen Alter für andere Menschen eingesetzt hat. Sie war sehr barmherzig und mitfühlend. Ihr Handeln entspricht der christlichen Nächstenliebe.

Die Philosophin Simone de Beauvoir erinnerte sich an eine Begegnung mit Simone Weil während der gemeinsamen Studienzeit, die diesen Charakterzug besonders hervorhebt:
Eine große Hungersnot hatte China heimgesucht, und man hatte mir erzählt, dass sie bei Bekanntgabe dieser Nachricht in Schluchzen ausgebrochen sei: Diese Tränen zwangen mir noch mehr Achtung für sie ab als ihre Begabung in Philosophie. Ich beneidete sie um ein Herz, das imstande war, für den ganzen Erdkreis zu schlagen. Eines Tages gelang es mir, ihre Bekanntschaft zu machen. Ich weiß nicht, wie wir damals ins Gespräch gekommen sind; sie erklärte in schneidendem Tone, dass eine einzige Sache heute auf Erden zähle: eine Revolution, die allen Menschen zu essen geben würde. In nicht weniger peremptorischer Weise wendete ich dagegen ein, das Problem bestehe nicht darin, Menschen glücklich zu machen, sondern für ihre Existenz einen Sinn zu finden. Sie blickte mich fest an: ‚Man sieht, dass Sie noch niemals Hunger gelitten haben', sagte sie. Damit war unsere Beziehung auch schon wieder zu Ende. Ich begriff, dass sie mich unter die Rubrik ‚geistig ehrgeizige kleine Bourgeoise' eingereiht hatte.

Simone Weil beobachtete nicht nur, sondern versetzte sich selbst in Situationen der Überarbeitung und des Hungerns. Sie fühlte mit dem Leid der anderen mit. Ihr eigenes Leben lebte sie dagegen in großer Bescheidenheit. Sie kaufte sich weder neue Kleidung, noch heizte sie ihr Haus. Die anderen standen immer im Vordergrund, nie sie selbst.

Simone Weil irritiert mich jedoch auch. Ihre Eltern waren jüdischer Abstammung. Die Familie war nicht orthodox und so blieb ihr das Judentum fremd. Sie versuchte immer wieder dem Judentum zu entfliehen und entwickelte während ihrer Studienzeit eine antireligiöse Haltung. Sie weigerte sich sogar, sich selbst als Jüdin zu sehen

Ich habe keine Zuneigung für die jüdische Religion, keine Verbindung mit der jüdischen Tradition; seit frühester Kindheit bin ich geprägt von hellenistischer, christlicher und französischer Überlieferung.

Der Verfolgung und Vernichtung der Juden unter Hitler schenkte sie aus dieser Haltung heraus zunächst keine Beachtung. Für mich ist das ein Widerspruch, dass sie die Fabrikarbeit einerseits als unerträglichen Fluch betrachtet hat, während sie die Schrecken des Rassismus nicht wahrnahm. Weil fing sogar an, gehässige und antijüdische Texte zu verfassen. Dieses Verhalten stellt für mich einen Kontrast zu ihrer aufopfernden Barmherzigkeit dar. Denn wenn Simone Weil laut Beauvoir „ein Herz, das imstande war, für den ganzen Erdkreis zu schlagen" hatte, aus welchem Grund schlug es nicht für die Juden? Lehnte Simone Weil nicht nur die Religion ganz allgemein ab, sondern auch Menschen, die an ihre Religion glaubten?

Um Simone Weils Sicht auf die Religion besser verstehen zu können, habe ich mir ihren *Glaubensweg* genauer angeschaut und kam zu einigen interessanten Erkenntnissen.

Ab 1936 standen in Simones Leben religiöse Fragen in den Vordergrund. Wie kam es zu dieser spektakulären Wende? Denn hatte sie vorher jegliche Religionen abgelehnt, erlebte sie nun einige spirituelle Erfahrungen, die sie zum Christentum führten. Mit Hilfe des Dominikanerpaters Joseph-Marie Perrin näherte sie sich dem Katholizismus. Mit ihm fand ein intensiver Briefwechsel statt, und er wollte sie dabei unterstützen, in die katholische Kirche einzutreten. Simone war jedoch der Ansicht, auch ohne den Eintritt in die Kirche, mit Gott verbunden sein zu können. Sie empfand ihren Glauben als etwas sehr Persönliches, das sie in ihrem Innersten spüren wollte, genauso, wie sie vorher ihre Verbundenheit mit den Arbeitern gespürt hat.

Mit der Geschichte und den Auffassungen der Kirche stimmte Simone Weil jedoch nicht immer überein. Die Vergangenheit der Kirche mit den Kreuzzügen und den Religionskriegen nach der Reformation empfand sie als schrecklich. In einem Brief an den Pater Joseph-Marie Perrin schrieb Simone, dass sie den Willen Gottes in drei Bereiche unterscheiden wolle. Der erste Bereich beziehe sich auf das, was man nicht beeinflussen könne, also alles, was im Universum bereits geschehen sei. In diesem Bereich sei alles, was tatsächlich geschehe, ausnahmslos Gottes Wille. Daher solle man alles in diesem Bereich lieben, insbesondere seine eigenen vergangenen Sünden und Leiden sowie das Leiden anderer Menschen, insofern man nicht dazu berufen sei, dieses Leiden zu lindern. Im nächsten Bereich solle man alles tun, was einem als Pflicht erscheint und sich nur in begrenztem Ausmaße von seinen Neigungen treiben lassen, da es eine gefährliche Sünde werden könne, sich dem Unbegrenztem hinzugeben.
Im dritten Bereich, erlege Gott den Menschen einen Zwang auf. Dieser Zwang diene dazu, die Seele, die mit Liebe und Aufmerksamkeit an ihn denkt, zu belohnen. Man solle diesem Zwang nachgehen, bis wohin einen dieser führe, jedoch nicht weiter. Auch nicht, wenn dies zu wohltätigen Zwecken geschehe. Man solle

weiterhin mit viel Zuneigung an Gott denken, damit sich dieser Zwang der ganzen Seele bemächtigen könne und falls das geschehen ist, dann sei man im Stande der Vollkommenheit.
Simone Weil zweifelt jedoch auch hin und wieder an Gott: „Verwunderlich aber ist es, dass Gott dem Unglück die Macht verliehen hat, die Seele selbst der Unschuldigen zu ergreifen." Für sie ist das Unglück das Schlimmste, was einem zustoßen könne und nicht zu vergleichen mit dem bloßen Leiden. Denn Unglück lässt den Menschen passiv zurück – er kann nichts dafür für das, was mit ihm geschieht.
Nach Simone Weil ist die soziale, menschliche Teilnahme an den Sakramenten die Etappe zu der Teilhabe an den Sakramenten als solchen. Um wirklich an den Sakramenten teilhaben zu können, müsse man über eine gewisse geistige Stufe hinaus sein und die, die sich unterhalb dieser Stufe befänden, können der Kirche noch nicht angehören. Weil hielt sich „der Sakramente für unwürdig", da sie diese geistige Stufe noch nicht erreicht hätte. Doch Pater Joseph-Marie Perrin bezeichnete dies als „übertriebene Bedenklichkeit". Simone Weil entgegnete, ihr sei bewusst, sich im Bereich ihres Handelns und in den Beziehungen zu ihren Mitmenschen nicht immer richtig verhalten zu haben. Dadurch habe sie ein starkes Gefühl der Unzulänglichkeit verspürt. Dieses könne sie nur verlieren, wenn sie noch stärker an Gott denke. Sobald es der Wille Gottes sei, würde sie in die Kirche eintreten.
Da Simone Weil diese Aussagen in Briefen an den Pater schrieb, kann ich mir vorstellen, dass Simone glaubte, was sie schrieb und auch dazu stand. Offenbar bestärkten die Zweifel an der Vergangenheit der Kirche sie in ihrer Meinung, nicht in die Kirche eintreten zu können.
Sie ist Gott trotz allem jedoch sehr nah. Und zu einem späteren Zeitpunkt in ihrem Leben, war sie endlich bereit, die Taufe zu erhalten. Neuere Quellen berichten, dass sich Simone Weil in einem

Londoner Krankenhaus im Krankenbett kurz vor ihrem Tod von einer Freundin taufen ließ. Simone Deitz taufte ihre Freundin mit Wasser aus dem Wasserhahn, ohne eine feierliche kirchliche Messe. Es gibt allerdings keine Zweifel an der Gültigkeit der Taufe.
Das Leben von Simone Weil war nach meiner Ansicht von extremen Verhaltensweisen geprägt. So setzte sie sich zum Beispiel mit aller Kraft und Leidenschaft für andere Menschen ein. Unter anderem arbeitete sie in einer Fabrik und hungerte ganz bewusst, um sich der Arbeiterklasse verbunden zu fühlen.
Sie wuchs in ihrer Familie nicht-orthodox auf und entwickelte im Laufe ihrer Jugend geradezu einen Religionshass. Diese Haltung verwandelte sich im Erwachsenenalter zum kompletten Gegenteil. Simone wurde durch einige mystische Begegnungen sehr religiös und fühlte sich zu dem katholischen Glauben hingezogen.
Aber auch vor Gott hatte Simone große Ansprüche an sich. Es war für sie nicht akzeptabel, einfach *nur* an Gott zu glauben. Im Gegenteil: Sie stellte hohe Anforderungen an sich.
Für mich ist dieses Bedürfnis nach Extremen in ihrer Persönlichkeit verankert. Hätte sie es sich in ihrem Glauben zu einfach gemacht, wäre sie unzufrieden mit sich geworden und hätte sich Vorwürfe gemacht, nicht alles für ihren Glauben gegeben zu haben.
Simone Weil hatte kein einfaches Leben. Sie litt unter starker Migräne, war sehr sensibel, und man könnte sie teilweise sogar als depressiv beschreiben. Deshalb wurde der Glaube an Gott zu einem Stützpunkt in ihrem Leben. Ich finde es besonders schade, dass Simone Weil erst zu einem relativ späten Zeitpunkt in ihrem Leben den Weg zu Gott gefunden hat. Wenn sie schon früher Kontakt zu Pater Perrin gehabt hätte, so hätte er ihr sicher helfen können. Denn obwohl ihre Eltern immer für sie da waren, gab es ständig eine gewisse Unzufriedenheit in ihrem Leben. Der unermüdliche Wille nach Gerechtigkeit zwang sie zur ständigen Arbeit und Leiden. Diese starken Gefühle konnte ihr kein Mensch nehmen. Diese

Gefühle richtete sie zunächst gegen die Religion. Aber sie erkannte, dass sie sich nicht selbst helfen konnte, und dass nur der Glaube an eine höhere Macht sie aus ihren Qualen befreien konnte.

Umso schöner ist es zu sehen, wie ein Mensch, der vorher nicht an Gott geglaubt und Religion sogar abgelehnt hat, zum Glauben finden konnte. Man erkennt, dass sich die Philosophin sehr stark mit der katholischen Religion auseinandersetzte und sich im Laufe ihrer Glaubenszeit immer mehr Spielraum im Glauben ließ.

Sie ging mit ihren selbst auferlegten Regeln später nicht mehr so streng um und ließ, meiner Meinung nach, mehr Erfüllung zu, da sie Gott und nicht mehr nur die Pflicht in ihr Herz ließ.

Schlussendlich kann ich sagen, dass sich die Philosophin Simone Weil vor Gott zu sehr unter Druck setzte, anstatt die christliche Religion als Erleichterung und Hilfe zu sehen. Sie hielt sich der Sakramente für unwürdig, was meiner Meinung nach eine Fehleinschätzung ist. Jeder Mensch, der an die christliche Religion glaubt, ist der Sakramente würdig. Jeder ist wertvoll und hat das Recht, in die Kirche einzutreten.

Simone Weil hatte so hohe Erwartungen an sich, sodass sie stets sehr unzufrieden mit sich war und ein falsches Selbstbild hatte. Das finde ich sehr schade, da sie eine sehr kluge Frau und interessante Philosophin war, die in ihrem Leben viel Mitgefühl zeigte. Ihre Zweifel und die Selbstkritik verfolgten sie jedoch bis in ihren Glauben. Sie hatte ständig das Gefühl, sich vor Gott an viele Regeln halten zu müssen, obwohl ich Gott als Helfer und Freund interpretieren würde.

Ich finde, der Glaube ist ein Geschenk und sollte nicht als Bürde oder Pflicht gesehen werden. Gleichzeitig finde ich es bewundernswert, wie sehr Simone Weil über Gott und das Christentum nachdachte und wie bedacht sie in ihrem Glauben war. Daran erkennt man, wie ernst ihr die Religion gewesen ist und wie wichtig insbesondere Gott für sie war.

Man erkennt, dass ihr die Religion großen Halt geben konnte, der ihr vorher, als sie Religion eher ablehnte, sicherlich gefehlt hat. Durch die Religion wurde die Philosophin sicherer und konnte mehr an sich glauben.

Sie fasste den Mut, sich taufen zu lassen, um als Christin zu sterben.

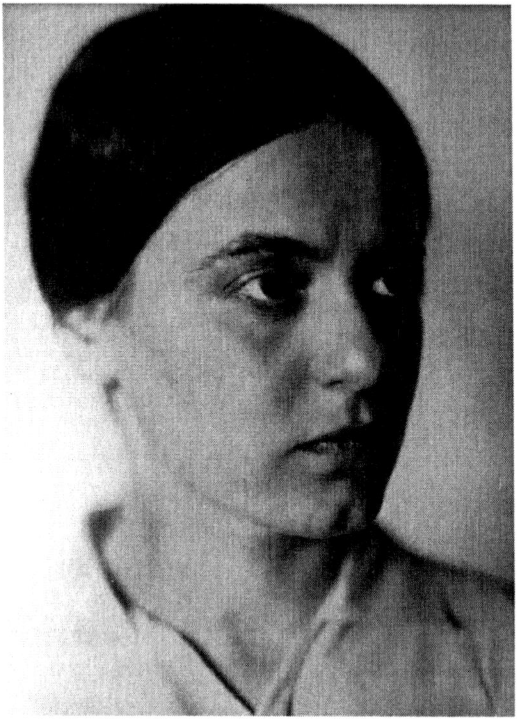

Anna Wagner

Philosophin und Nonne: Edith Stein

*In meinen Träumen sah ich immer
eine glänzende Zukunft vor mir.
Ich träumte von Glück und Ruhm.*

Aufbruch in Breslau

Edith Stein wurde am 12.10. 1891 als elftes Kind in eine jüdische Holzfällerfamilie in Breslau hineingeboren. Vier ihrer elf Geschwister starben sehr früh, weswegen sie mit sechs anderen Geschwistern, zwei Brüdern und vier Schwestern, aufwuchs. Ediths Vater, Siegfried, starb im Juli 1893 an einem Hitzschlag, und Ediths Mutter musste die sieben Kinder allein aufziehen. Sie beschloss, den Holzhandel ihres verstorbenen Mannes fortzuführen und erhielt Unterstützung aus der Verwandtschaft. Ihre Kinder erzog sie mit einer gewissen Strenge; sie wurden fleißig und strebsam. Fast alle gingen später auf weiterführende Schulen oder besuchten sogar Universitäten.

Im Jahr 1906 entschloss sich Edith Stein, das erweiterte zehnte Jahr nicht zu absolvieren, obwohl sie eine erfolgreiche Schülerin war. Sie verbrachte zehn Monate bei ihrer Schwester in Hamburg, die dort verheiratet war und zwei Kinder hatte. Bei ihrer Schwester fühlte sie sich frei und konnte ihren eigenen Interessen nachstreben: Lesen, Träumen, Nachdenken. Sie befand sich mit 15 Jahren in einer Krise, da sie sich mehr und mehr von ihrem jüdischen Glauben entfernen wollte. Der Grund lag darin, dass ihr die Glaubenspraxis leblos erschien und sie in der Philosophie und den Wissenschaften andere Säulen schaffen wollten, welche ihre Existenz und ihr Leben stützen sollten.

Zurück in Breslau holte sie ihre schulische Ausbildung an der Victoriaschule nach, bestand 1908 die Aufnahmeprüfung für die Oberstufe eines Gymnasiums, und absolvierte 1911 mit Auszeichnung das Abitur. Ihre Berufswahl erwies sich anschließend als kompliziert, da sie der Menschheit dienen wollte, jedoch auf theoretischer Basis. Sie hinterfragte die Welt und suchte nach der Wahrheit über den Menschen. Schlussendlich belegte sie die Fächer Psychologie, Philosophie, Deutsch und Geschichte an der Universität ihrer Heimatstadt Breslau.

Nachdem sie von ihrem Studium allerdings enttäuscht wurde, da dieses ihr keine Antworten auf ihre Fragen an die Welt liefern konnte, hielt es sie nicht lange in Breslau aus. Durch die Einladung ihres Vetters Richard Courant entschied sie sich nach Göttingen zu ziehen und Denkpsychologie und Philosophie zu studieren. 1915 machte sie in Göttingen ihr Staatsexamen mit Auszeichnung. Während ihrer Vorbereitungen für ihre Prüfungen brach der Erste Weltkrieg aus, und sie entschloss sich, zurück nach Breslau zu reisen, um im Krieg Verletzten zu helfen. Da es aber mehr Freiwillige als Benötigte gab, konnte sie ihre Prüfungen abschließen. Im April 1915 erhielt sie vom Roten Kreuz verspätet Antwort auf ihre Anfrage, ob Schwestern benötigt würden. Da in Deutschland kein Bedarf bestand, wurde Stein nach Tschechien, genauer gesagt Mährisch-Weißkirchen, geschickt, wo sie sich eine Zeitlang um die Patienten kümmerte. Für die dort verbrachte Zeit wurde ihr sogar die Tapferkeitsmedaille verliehen.

Im Jahr 1916 wurde ihre harte Arbeit in Philosophie belohnt. Sie verteidigte ihre Doktorarbeit „Zum Problem der Einfühlung" bei dem berühmten Philosophen Edmund Husserl. Sie war zu dem Zeitpunkt sogar seine Assistentin. Ihre Doktorarbeit fiel glänzend aus (summa cum laude), womit sie die erste Schülerin Husserls war, die bei ihm erfolgreich promovierte.

Edmund Husserl (1859-1938) war ebenfalls Sohn jüdischer Eltern und wurde von Edith Stein hochachtungsvoll „Meister" genannt. Er gilt einmal als einer der einflussreichsten Denker des 20. Jahrhunderts sowie als Mit-Begründer der Phänomenologie. Die Phänomenologie ist eine philosophische Strömung, die bei der Erkenntnis der Welt von den konkreten Dingen und Erscheinungen (Phänomenen) ausgeht. Husserl prägte den Spruch „Zurück zu den Sachen". Edith Stein hat sich mit der Phänomenologie allerdings nur am Rande beschäftigt. Für sie stand das Problem der Einfühlung im Mittelpunkt. Wie kann ich mich von meinem eigenen Ich ausgehend in ein fremdes Bewusstsein hineinversetzen? Welche Erfahrungen und Wissensformen entstehen dabei? Wie reagieren die anderen Menschen auf mich? Können wir uns gegenseitig verstehen?

Ein weiteres Problem, das sie bereits auf dem Gymnasium auch philosophisch interessierte, war die Gleichberechtigung zwischen Mann und Frau. Ihre Mutter hatte ihr immer das Vorbild einer berufstätigen Frau gegeben, dem Edith Stein nacheifern wollte. Daher fiel es ihr zunehmend schwerer, sich Husserl weiterhin unterzuordnen, insbesondere deshalb, weil er ihr nicht einmal anbot, bei ihm zu habilitieren. Er fürchtete den Unmut seiner Kollegen. Sie entschloss sich schließlich, 1918 nicht mehr bei Husserl als Assistentin tätig zu sein, jedoch bearbeitete sie weiterhin bis 1925 seine Schriften und stattete diese mit eigenen Überlegungen sowie Rezensionen aus. Danach hielt sie Privatvorlesungen in dem Hause ihrer Mutter zur „Einführung in die Philosophie". Sie versuchte 13 Jahre lang vergebens, sich an verschiedenen deutschen Universitäten in Göttingen und Freiburg zu habilitieren, jedoch ohne Erfolg. Trotz sehr guter Leistungen war sie als Frau und Professorin nicht erwünscht.

Edith Stein hat in den 1920er Jahren nicht nur philosophisch, sondern auch im Bezug auf ihren Glauben wichtige Entscheidungen getroffen. Am 1. Januar 1921 ließ sie sich in der heiligen Kommunion der Pfarrkirche St. Martin in Bergzabern taufen und wurde Christin. Jedoch war die Taufe in keiner Weise ein Bruch mit dem Judentum, da das Datum noch eine Hommage an das Judentum ist – der 1. Januar ist im Judentum das Fest der Beschneidung Jesu. Am 2. Februar 1922 fand ihre Firmung in der Hauskapelle des Bischofs von Speyer statt. Ausschlaggebend für ihre Hinwendung zum Christentum war nach eigenen Angaben insbesondere die Lektüre des Buches „Mein Leben" der spanischen Nonne und Philosophin Teresa von Ávila (1515-1582), die sie ihr Leben lang verehrte. Teresa setzte sich wie Edith Stein für eine aktivere Rolle von Frauen im gesellschaftlichen Leben ein. Sie beschrieb in ihrem Buch eigene Wünsche, Hoffnungen und Träume, mit denen sich auch Edith Stein identifizieren konnte.

Nachdem Edith, die Philosophin, konvertierte, vermittelte ihr Joseph Schwind eine Stelle als Deutschlehrerin am Lehrerinnenseminar und der Mädchenschule des Klosters St. Magdalena in Speyer, wo sie von 1923 bis 1931 unterrichtete. Außerdem machte sie sich nebenbei an Übersetzungs- und Übertragungsarbeiten, insbesondere von Thomas von Aquin (1224–1275), welche sie 1931 und 1932 veröffentlichte. Darüber hinaus hielt sie im In- und Ausland verschiedene Vorträge zu zeitgenössischen Fragestellungen wie Bildung, die Rolle der Frau und dem pädagogischen Berufsethos.
Anfang der 30er Jahre war Edith Stein Dozentin am Deutschen Institut für wissenschaftliche Pädagogik in Münster. Sie hielt Vorlesungen für Lehrerinnen und Lehrer, was sich jedoch als schwierig erwies, da sie in dem Bereich der Pädagogik keine praktische Ausbildung genossen hatte. Ihre Tätigkeit endete abrupt, als Hitler

am 30. Januar 1933 zum Reichskanzler ernannt wurde und Juden nicht mehr Berufsbeamte sein durften.

Am 14.10.1933 trat Edith Stein deshalb in den Kölner Karmel-Orden „Maria vom Frieden" ein, und ihr erbetener Name war Sr. Teresia Benedicta vom Kreuz – in Anlehnung an ihre Verehrung für Teresa von Ávila.

Nach ihrem Eintritt ins Kloster war die Beschäftigung mit der Philosophie nicht mehr der Mittelpunkt ihres Lebens; Edith Stein widmete sich nun vorrangig Gebeten, Gedichten, Übersetzungen und Interpretationsstudien sowie der Beendigung ihres philosophischen Hauptwerks „Endliches und ewiges Sein."

Am 21.04.1938 legte sie das ewige Gelübde ab und siedelte zum 31. Dezember 1938 in den Echter Konvent über, einer Tochtergründung des Kölner Karmel. Der Grund für ihre Flucht in die Niederlande war die Pogromnacht. Am 9. November 1938 wurden in dieser Nacht von Anhängern des Nationalsozialismus unsagbar schreckliche Taten in Synagogen, jüdischen Geschäften sowie an jüdischen Bürgern verübt. Geschäfte und Synagogen wurden geplündert, niedergebrannt oder stark beschädigt. Jüdische Bürger wurden ausgeraubt, bedroht, verhaftet und anschließend in Konzentrationslager verschleppt oder auf offener Straße, am Arbeitsplatz oder Zuhause ermordet. Und da Edith Stein von Geburt her Jüdin war, bestand auch für ihr Leben in Hitler-Deutschland der Nationalsozialisten eine große Gefahr.

Nachdem die Nationalsozialisten die Niederlande überfallen hatten, wurde Edith Stein am 2. August 1942 im Kloster verhaftet und nach Amersfoort überführt. Die Oberin versucht noch mit den SS-Leuten zu verhandeln, aber sie musste einsehen, dass Widerstand zwecklos war. Die SS drohte mit der Erstürmung des Klosters. Edith Stein packte innerhalb von fünf Minuten ihre Sachen und rief den anderen Schwestern zu: „Betet für mich!" Sie hatte ihr Testament schon nach dem Beginn des 2. Weltkrieges 1939 verfasst und sich offensichtlich mit ihrem drohenden Tod schon seit drei Jahren befasst.

Am 4. August 1942 wurde sie von Amersfoort ins Sammellager nach Westerbork gebracht, wo sie sich vieler hilfloser Menschen annahm und ihnen Trost zusprach. Drei Tage später, am 7. August 1942, wird sie von Westerbork abtransportiert und in einem Eisenbahnwaggon durch Deutschland nach Osten gebracht. Zwei Tage später, am 9. August 1942, kommt Edith Stein im Osten an. An diesem Tag wurde sie das letzte Mal von jüdischen Mithäftlingen an der Rampe von Auschwitz in ihrer Nonnentracht gesehen. Danach verliert sich ihre Spur. Man nimmt an, dass sie noch am gleichen Tag in einer der Gaskammern von Auschwitz ermordet wurde.

Die Rolle des Glaubens

Edith Stein ging einen beschwerlichen Weg und starb einen unmenschlichen frühen Tod. Jedoch fand sie in ihren beschwerlichen und zweifelnden Lebenslagen immer einen Weg, über ihre Krisen hinwegzukommen, in der Philosophie und in der Religion, welche für sie eine Zu- sowie Ausflucht darboten.

Als geborene Jüdin genoss Edith Stein eine strenge Erziehung, die jedoch von viel mütterlicher Liebe getragen wurde. In der Schule fühlte sie sich unfrei und in eine vorgesehene Richtung gedrängt, die in ihr Unbehagen auslöste. Sie weigerte sich deshalb, die Schule bis zum Ende zu absolvieren, obwohl sie hervorragende Noten erzielte. Um zu sich selbst zu finden, entfloh sie für eine bestimmte Zeit zu ihrer Schwester und begann an ihrem jüdischen Glauben zu zweifeln. Nachdem sie ihre Ausflucht im „Nichtglauben" fand,

konnte sie sich wieder aufrichten und ihre schulische Ausbildung in Breslau beenden – mit Auszeichnung.
Sie blieb bis zu ihrem 21. Lebensjahr überzeugte Atheistin. Später erfolgte durch ihre Taufe eine Wende, mit der sie sich zum Christentum sowie erneut zum Judentum bekannte. Wie bei ihrer Hinwendung zum Atheismus als Jugendliche, trägt auch dieser Wunsch zur Überwindung einer Krise bei: die gescheiterten Habilitationsversuche. Außerdem geriet sie durch Husserl in eine Prinzipienkrise. Durch ihr frühes Interesse am Streben nach der Gleichberechtigung zwischen Mann und Frau fühlte sie sich Husserl untergeordnet. Sie hatte zunehmend das Gefühl, dass ihre Fähigkeiten von ihm nicht geachtet und gefördert wurden. Frauen in Philosophie und Wissenschaft wurden zu damaliger Zeit von Männern nicht geschätzt. Husserl konnte sich diesem Rollenverständnis nicht entziehen. Dies unterstreicht die Tatsache, dass er ihr nicht anbot, bei ihm zu habilitieren, obwohl sie eine hervorragende Doktorarbeit geschrieben hatte.
Durch die Flucht in die Religion und das Wiederaufleben ihres Glaubens boten sich Edith Stein Perspektiven, durch die sie neue Kräfte entwickelte. Sie konnte erstmals den Beruf der Dozentin ausüben und weiter an ihrem philosophischen Hauptwerk arbeiten.

Der neu erwachte Glaube verhalf ihr ebenfalls zu ihrer bedeutendsten und in jetziger Betrachtung schrecklichsten Lebenskrise: der Auseinandersetzung mit dem Tod. Sie war, obwohl sie sich hat taufen lassen, immer noch Jüdin, und das zu Lebzeiten Hitlers. Und obwohl sie sich ihres Todes und zuvor der Gefahr, die ihr Glaube mit sich brachte, bewusst war, wich sie dieses Mal nicht von ihrer Religion ab. Sie trat in ein Kloster ein, wechselte den Standpunkt und spendete, nachdem sie verhaftet und deportiert wurde, den verzweifelten und hilflosen Menschen, welche sie auf ihrer letzten Fahrt nach Auschwitz begleiteten, Trost.

Aus meiner Sicht verhalf ihr der Glaube dazu, ihre eigenen Lebenskrisen sowie Zweifel zu überwinden. Sie betrachtete den Glauben oder Nichtglauben als Aus- oder Zuflucht, um neue Erkenntnisse zu sammeln, neue Kraft zu schöpfen, weitere Perspektiven zu entwickeln und um sich selbst zu finden.

Für mich ist Edith Stein eine starke, emanzipierte und wissbegierige Frau. Sie hatte durch den frühen Tod des Vaters keine leichte, unbeschwerte Kindheit, jedoch wurde sie mit Liebe großgezogen. Ihre Mutter brachte ihr lebensnotwendige Tugenden bei, die ihren Werdegang positiv förderten. Fleiß und Disziplin waren für ihre schulische und berufliche Ausbildung ebenso von Bedeutung, wie ihre Durchsetzungsfähigkeit und ihr Durchhaltevermögen.

Ich bewundere ihre Hartnäckigkeit, durch welche sie nie ihre Ziele aus den Augen verlor, und ich bewundere ihren Mut. Sie bewegte sich auf ihrem selbst gewählten Weg und nahm sich das Privileg, mehrere Abzweigungen auszuprobieren, bis sie die passende Richtung fand.

Edith Stein hat, um ihre Mutter nicht zu verletzen, Jahre gewartet, bis sie endgültig ins Kloster ging, und sich zum Christentum bekannte. Außerdem hat sie sich für die Rechte der Frau eingesetzt, und kritische Vorlesungen sowie Schriften zur damaligen Rolle der Frau verfasst. Sie kämpfte schon früh für die Gleichberechtigung zwischen Mann und Frau und machte ihre Überzeugung durch die Aufgabe ihrer Assistentenstelle bei Husserl deutlich.

Jedoch finde ich, dass sie ihre achtenswerteste Tätigkeit in ihren letzten Tagen ihres Lebens vollbrachte. Denn sie war am Ende überzeugte und erfüllte Jüdin und fand sich mit ihrem Schicksal ab. Sie akzeptierte ihren nahenden Tod und anstatt sich passiv ihrem brutalen Ende hinzugeben, nutzte sie ihre letzte Zeit, um ihren Glaubensgenossen und -genossinnen beim Transport ins Todeslager Trost zu spenden.

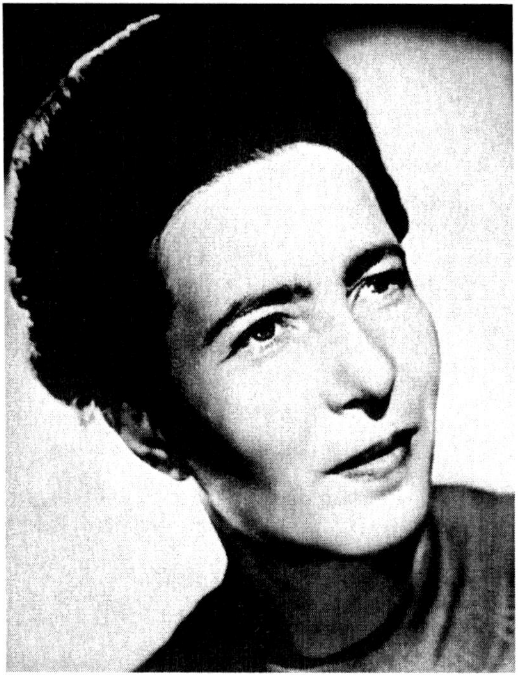

Josefina Groth

Ein Leben ohne Gott: Simone de Beauvoir

Auf dem Totenbett hatte Mama
zwei Briefe aufbewahrt – der eine
von einem Jesuiten, der andere von einer Freundin -,
worin ihr versichert wurde, ich würde
eines Tages zu Gott zurückfinden.

Selbstdenkerin, nicht Glaubende

Simone-Ernestine-Lucie-Marie-Bertrand de Beauvoir ist eine französische Feministin, Schriftstellerin und Philosophin. Ihre Werke hatten bis in die 1980er Jahre einen wegweisenden Einfluss auf die Entwicklung der internationalen Frauenbewegung und machten sie zur bekanntesten Intellektuellen Frankreichs. Simone wird am 9. Januar 1908 in Paris als Tochter von Georges und Françoise de Beauvoir geboren und wächst streng römisch-katholisch auf. Zu dieser Zeit gehört es in Frankreich zum guten Ton, dass sich die Mütter um die religiöse Erziehung ihrer Kinder kümmern. Deshalb besucht Simone bereits mit fünfeinhalb Jahren ein katholisches Mädcheninstitut, die Cours Désir in der Rue Jacob. Sie beschäftigt sich auch schon sehr früh mit der Frage, wenn auch eher unbewusst, wie man eine starke Persönlichkeit entwickelt und zu einer Selbstdenkerin wird.

Nach dem Ende des I. Weltkrieges zieht die verarmte Familie in eine andere kleinere Wohnung. Simone bekommt mit, wie das Kind des Hausmeisters und die Tochter der Nachbarin sterben, und sie fängt an, sich vorzustellen, dass auch sie in jedem Moment sterben könnte. Sie stellt sich deshalb ernsthaft in Frage, welcher Gott so etwas zulassen würde? Durch ihr Zweifeln und Nachdenken zeigen sich plötzlich Risse in ihrem harmonischen Weltbild. Simone de Beauvoir wird ungeduldiger und gereizter, sie möchte ihre Ruhe, doch versteckt sie diese Reizbarkeit für lange Zeit

und legt sich eine Maske an, da sie weiß, ihre Eltern dürfen nicht erfahren, dass sie Zweifel am kirchlichen Weltbild hat. Simone sucht die Sicherheit und Geborgenheit, die sie vorher in der Kirche geglaubt gefunden zu haben, nun woanders. Ihr hilft ein Ausflug zu ihrem Großvater nach Meyrignac in die Natur. Simone glaubt weiterhin an Gott, in der Kirche existiert er jedoch nicht mehr für sie. Gott existiert für sie jedoch noch in der Liebe, von welcher sie schon früh eine klare Definition hatte. Für Simone gibt es die Liebe entweder absolut oder gar nicht und in der Natur. Für sie tragen alle Elemente der Natur eine Spur göttlichen Ursprungs. Sie wandert viel herum und fühlt sich Gott näher als je zuvor und kommuniziert durch die Wahrnehmung der Natur mit ihm. Ihr wird klar, dass Gott sie, die Beobachterin, braucht, damit seine Schöpfung zu voller Blüte gelangen kann. Denn ohne den Beobachter ist diese Schöpfung nämlich nur etwas Undeutliches, Verschwommenes. Erst das Erkennen des Beobachters, dass die Natur etwas Wunderbares ist, wird die Schöpfung vollendet. Simone stellt fest, ohne die Wahrnehmung des Menschen gäbe es keine Wirklichkeit. „Wenn der Schöpfung meine Gegenwart fehlte, glitt sie in dumpfen Schlummer zurück."
Zurück in Paris fühlt sie sich leer. Sie kommt zurück in eine enge Wohnung mit strengen Eltern und starren Regeln in der Schule. Selbst ihr Vetter Jacques, für den sie ein wenig schwärmt und der eine große Inspiration für sie ist, während er sie auch für ihre Intelligenz schätzt und sie von inspirierendem Unterricht träumen lässt, verhielt sich nicht wie früher. Er wirkte patzig und unfreundlich, doch trotzdem zeigte er ihr ein Buch, das sie zur Suche nach sich selbst einlädt: „Le Grand Meaulnes" von Alain-Fournier (1913). Sie beginnt, einige Hauptcharaktere mit ihrem Leben zu vergleichen. So vergleicht Simone zum Beispiel den heldenhaften Jungen, der von einer mysteriösen Sehnsucht getrieben immer wieder in Abenteuer gerät, mit ihrem Vetter Jaques, der sich für sie oft nicht

nachvollziehbar benimmt. Doch als besonders inspirierend empfindet sie den Erzähler. Sie bewundert, wie er in die Handlungen verwickelt ist, jedoch bei seiner Erzählung analytisch denkend Abstand vom Geschehen nimmt und von anderen Personen erzählt. Und plötzlich entdeckt Simone in diesem Buch eine Art Zukunftsperspektive. Sie nimmt sich vor, eines Tages so wie der Erzähler schreibend, selber zur schreiben. Ihren großen Wunsch nach individuellem Leben beantwortet dieses Buch mit „Ja".

Mittlerweile hat Simone eine schlechte Beziehung zu ihren Eltern. Schuld daran sind vermutlich die strenge, vor allem kirchliche Erziehung und das Eingesperrt-sein, der Zwang sich dem gesellschaftlichen Stand angemessen zu verhalten, der starke Leistungsdruck in der Schule und die fehlende Möglichkeit zur Selbstentwicklung. Vor allem aber fehlt ihr Hélène, ihre Schwester. Hinzu kommt, dass die Eltern nicht wissen, wie sie mit Simones Pubertät umgehen sollen. Ihr Vater wendet sich genervt von seiner älteren Tochter ab, jetzt wo der kindliche Zauber verschwunden ist. Er äußert abfällige Kommentare über ihr Aussehen, das größtenteils der Pubertät zuzuschreiben ist. Simone findet sich jedoch damit ab, dass sie die Leute nicht mit anmutigem Aussehen bezaubern kann. Sie beantwortet Kommentare zu ihrem Aussehen mit Floskeln wie zum Beispiel, dass sie keine Zeit habe, sich um solche Nebensächlichkeiten zu kümmern.

Die Entfremdung von ihrer Eltern führt in der Pubertät so weit, dass sich Simone nur noch an Büchern orientiert. Sie wird in ihrem immer individuelleren Denken durch die Feststellung unterstützt, dass Gott nicht existieren kann. Seine Absolutheit und Vollkommenheit steht im Widerspruch zur Wirklichkeit des alltäglichen Lebens. Nachdem Simone zu dieser Erkenntnis gelangt ist, bestimmt sie selbst, was gut und was schlecht, was wichtig oder unwichtig, was schön oder hässlich ist. Für sie ist der Himmel zwar leer, doch das Leben übervoll. Die einzige Angst, die sie noch hat, ist die Angst vor dem Sterben. Die Angst vor der Strafe Gottes hat sie inzwischen abgelegt. Allerdings geht sie weiterhin in die Kirche und lässt ihre Eltern von nichts wissen. Dennoch schöpft ihre Mutter allmählich Verdacht, ihre Tochter könnte auf dem „falschen" Pfad geraten sein.

Ein weiteres Vorbild in der Jugend Simones war die Schriftstellerin Colette, die sich mit der Frage beschäftigte, wie man als Frau eine starke Persönlichkeit entwickelt. Sie redete offen über Themen wie Selbstverwirklichung sowie Geschlechter und Sexualität. Mit diesem Thema hatte Simone bisher nur sehr wenig Erfahrung gemacht. Sie kümmert sich nun um ihr *baccalauréat*, das französische Abitur, in Philosophie und Mathematik, nachdem sie das *premier baccaleuréat* mit Auszeichnungen bestanden hatte. In der Freizeit erlaubt ihr die Mutter in Bibliotheken zu stöbern, wo sie Colette entdeckt, die sie verbotenerweise anfängt zu lesen. Außerdem schaut sie abends gern in die Fenster fremder Leute. Denn Simone ist sehr interessiert am Verhalten anderer Menschen und an gesellschaftlichen Umgangsformen. Sie sucht nach Menschen mit den gleichen Interessen wie sie.

Als ihr die Eltern nach dem *baccaluréat* das Philosophiestudium verbieten wollen, lehnt sich Simone zum ersten Mal richtig gegen ihre Eltern auf. Sie möchte Philosophielehrerin an einer höheren staatlichen Schule werden. Ihre Eltern geben zwar irgendwann nach, trotzdem muss sie noch ein Jahr auf das Gymnasium, um an der Universität studieren zu dürfen. Ihre Mutter sucht ihr ein religiös ausgerichtetes Gymnasium aus, das Institut Sainte-Marie in Neuilly. Simone gefällt es dort sehr gut, denn die Lehrerinnen sprühen vor Intelligenz und freiem Denken.

In dieser Zeit bewundert Simone vor allem Menschen, die wissen, was sie in ihrem Leben haben wollen. Für sie kommt es nicht darauf an, das Leben nur zu denken ohne wirklich zu leben. Andererseits möchte sie auch nicht leben ohne zu denken. Am meisten jedoch imponieren ihr Menschen, die ihr Leben im Voraus denken. Ein Dasein ohne das Leben, die Leidenschaft, erscheint ihr zu einfach. Die große Frage ist deshalb für sie in ihrem letzten Jahr als Schülerin, ob man auch außerhalb der Liebe und Ehe Erfüllung finden kann. Sie versteht nicht, warum sich viele Frauen nur mit Lohn und Ehe beschäftigen. Für sie sind Würde, Humanität und die Veränderung der Welt die Dinge, mit denen sie sich künftig auseinandersetzen möchte. Aus diesem Grund mag sie auch keine Menschen, die immer nur fröhlich sind und sich keine tieferen Gedanken über Gott und die Welt machen. Die Möglichkeit, endlich Philosophievorlesungen zu hören, eröffnen ihr in diesem Sinne eine völlig neue Welt.

Bisher hatte Simone das Gefühl, nie richtig glücklich sein zu können. *Das Übel, an dem ich litt, bestand in Wahrheit darin, dass ich aus dem Paradies der Kindheit vertrieben war und meinen Platz unter den Menschen nicht wiedergefunden hatte.* Sie bemerkt auch, wie sie sich in ihrem Vetter Jacques getäuscht hatte. Ihm gefällt nur das Image des Geistreichen, doch in Wirklichkeit ist er genauso ein Spießer wie ihr Vater. Sie ärgert sich darüber, dass den meisten Menschen das Streben nach Höherem, das Hinterfragen und die echte Leidenschaft fehlen. Dass sie immer noch in Jaques verliebt ist, stört sie nicht. „Ich hatte nur ein Leben zu leben, ich wollte, dass es ein Erfolg würde, niemand sollte mich daran hindern, nicht einmal er."

In den Jahren 1926/27 geht Simone an die berühmte Sorbonne, um Philosophie zu studieren. Sie legt dort ihre Agrégation ab – die höchste Lehramtsprüfung in Frankreich – und lernt im letzten Studienjahr eine Reihe später berühmt gewordener Schriftsteller kennen, darunter Jean-Paul Sartre (1905-1980), mit dem sie ihr ganzes Leben lang eine intensive, intellektuelle und emotionale Beziehung verbindet. Eine Heirat lehnen beide kategorisch ab. Jean-Paul Sartre und Simone de Beauvoir begründen gemeinsam den Existenzialismus in Frankreich. Dabei handelt es sich um eine

philosophische Richtung, die sich mit der Frage beschäftigt, wie der Mensch sein Leben bewusst ohne Gott gestalten kann, und welche Rolle beispielsweise Freiheit, Selbstverwirklichung sowie Geburt und Tod darin spielen. Simone de Beauvoir hat diese Themen später in ihren Büchern „Das andere Geschlecht" und „Der sanfte Tod" behandelt, die beide ein Welterfolg wurden.
Nach dem Abschluss des Studiums lehrt sie bis 1943 an verschiedenen Schulen. Nach dem Erfolg ihres ersten Romans „Sie kam und blieb", der 1943 publiziert wird, zieht sie sich aus dem Schulleben zurück, um sich ganz ihrer schriftstellerischen Arbeit zu widmen.
In den letzten Jahren ihres Lebens, seit 1970, engagierte sich Simone de Beauvoir in der französischen Frauenbewegung, die sie durch ihr Buch „Das andere Geschlecht" mitbegründet hatte. Sie unterzeichnet 1971 beispielsweise das französische Manifest zur Abtreibung und wird 1974 Präsidentin der Partei für Frauenrechte.
Simone de Beauvoir stirbt am 14.04.1986 im Alter von 78 Jahren und wird neben Jean-Paul Sartre auf dem Friedhof Montparnasse in Paris beigesetzt.

Freiheit und Unabhängigkeit als Lebensform

„Mein wichtigstes Werk ist mein Leben."
Simone den Beauvoir

Als Simone de Beauvoir und Jean-Paul Sartre sich kennenlernen, gibt Sartre gern den Lehrenden und Gebenden. Er ist ein Selbstdenker und fühlt sich keiner anderen Lehre oder Philosophie verpflichtet. Er kreiert seine eigene Philosophie. Im Gegensatz zu Simone drückt er sich immer klar und präzise aus, wofür sie ihn sehr bewundert. Beauvoir genießt schon während des Studiums seine Gesellschaft mit noch zwei anderen Freunden. Sie fühlt sich zum ersten Mal frei. Sie gehört dazu, zu den philosophischen Intellektuellen der Pariser Sorbonne. Ihr ist schon früh bewusst, dass sie und Sartre in die gleiche Richtung denken, jedoch fühlt sie sich dem älteren und reifer wirkenden Philosophen noch unterlegen. Doch Sartre plustert sich vor ihr nicht so auf wie vor anderen Studierenden. Ihm ist bewusst, mit Beauvoir hat er eine Frau gefunden, die ebenfalls eine Selbstdenkerin ist wie er und von der er philosophisch profitieren kann. Für beide wird die Kommunikation miteinander lebensnotwendig. Beiden fehlte sie in der Kindheit, und nun haben sie die Gelegenheit, sich mit jemandem Gleichgesinnten unterhalten zu können. Was die beiden also zueinander finden lässt, ist die Sehnsucht, ein dauerhaftes Gespräch auf gleicher Ebene führen zu können. Ein Ende dieser einmaligen, wunderbaren Beziehung können sie sich schon nach kurzer Zeit nicht mehr vorstellen. Als sie beide schließlich ein Paar werden, jedoch immer noch in getrennten Wohnungen leben, entdeckt Beauvoir das völlig neue Lebensgefühl der Unabhängigkeit. Dank der getrennten Wohnungen genießen Simone de Beauvoir und Jean-Paul Sartre *die Vorteile des Lebens zu zweit und keine seiner Unannehmlichkeiten.* Freiheit und *vollständiges gegenseitiges Vertrauen* ist die Grundlage ihrer Beziehung. Beauvoir ist klar, diese Beziehung würde man nie vergleichen können. Keiner soll sich dem anderen gegenüber verpflichtet fühlen. Die beiden schließen in ihrer Beziehung auch Beziehungen mit anderen Partnern nicht aus, auch wenn Beauvoir gerne Sartre für sich allein gehabt hätte. Sie akzeptiert, dass ihr Partner Freiheit und Ungebundenheit zum Leben und Arbeiten braucht. Sie selbst hat wiederum bewusst auf Kinder verzichtet, weil sie der Meinung war, dass die Mutterrolle sie in ihrer geistigen Arbeit behindern würde. Sie wollte ihr Leben als Philosophin und Schriftstellerin leben, nicht als sorgende Mutter.

Simone de Beauvoir ist für mich eine beeindruckende Frau. Es ist sehr interessant ihren Lebenspfad zu verfolgen und nachvollziehen zu können, was gewisse Umstände, wie zum Beispiel ihr strenges Elternhaus oder der Umzug in eine andere Wohnung sie dazu anregten, über den Tod nachzudenken und Gott radikal in Frage zu stellen. Ich selbst kann mich allerdings nicht immer mit ihren Ideen und Entscheidungen identifizieren. An Gott glauben muss nicht jeder. Wie Simone de Beauvoir jedoch langsam und rational eine Entscheidung für sich und gegen Gott getroffen hat, ist sehr bestärkend für jemanden wie mich. Als sehr inspirierend empfinde ich auch, wie sie beschloss, aus ihrem Äußeren nichts Außergewöhnliches zu machen, sondern das, was sie dachte, in den Mittelpunkt zu stellen. Sie hatte bereits als Jugendliche den Weg zur Selbstdenkerin eingeschlagen.

Es gibt wichtige Themen in dieser Welt, über die nicht Stillschweigen bewahrt werden kann. Und hier ist Simone den Beauvoir mit gutem Beispiel vorangegangen. Auch wenn das Thema der gesellschaftlichen Einschränkung und Zurückweisung von Frauen und ihre typische Rolle als Hausfrau und Mutter sowie eine streng religiöse Erziehung, vor allem von Mädchen heutzutage nicht mehr so zugespitzt ist wie damals, gibt es anderes, wofür man dringend kämpfen und sich einsetzen muss. Dies zeigt Simone de Beauvoir sehr gut mit ihrem Wissensdurst. Man kann sich über selbst gewählte Wege und durch ständiges Weiterdenken von Problemen zu dem vorarbeiten, worüber man aus lauter Leidenschaft Bücher schreiben könnte.

Anhang

Zeittafel der Reformationsbewegung

1502   Gründung der Wittenberger Universität.
1512   Luther wird Professor für „Lectura in Biblia" (Bibelauslegung) in Wittenberg.
1517   Luther veröffentlicht am 31. Oktober seine 95 Thesen am Hauptportal der Schlosskirche von Wittenberg.
1519   Karl V. wird zum Kaiser gewählt.
1520   Papst Leo X verhängt die Bannbulle über Luther; der Reformator verfasst einen Sendbrief an Leo. Luthers reformatorische Hauptschriften erscheinen: „An den christlichen Adel deutscher Nation"; „Von der Freiheit eines Christenmenschen" und „Die babylonische Gefangenschaft der Kirche".
1521   der Reichstag von Worms belegt Luther mit der Reichsacht (Wormser Edikt), nachdem er sich geweigert hatte, seine Thesen zu widerrufen.
1521   Luther wird von Friedrich dem Weisen auf der Wartburg versteckt und übersetzt dort das Neue Testament ins Deutsche; als Vorlage dient ihm die griechische Bibel des Erasmus von Rotterdam.
1522   Luther kehrt auf Bitten der Wittenberger Stadtväter in die Stadt zurück, um die dort aufgekommenen Unruhen zu bändigen.
1424   der Bauernkrieg unter der Führung von Thomas Münzer beginnt; Luther unterstützt die Aufstände der Bauern nicht („Wider die mörderischen und räuberischen Bauern").
1526   blutige Niederschlagung des Bauernkrieges.

1527 Gründung der ersten protestantischen Universität in Marburg durch Philipp von Hessen. Sachsen und Hessen werden Zentren der Reformation und führen erste protestantische Visitationen durch, d.h. Kirchen und Gemeinden wurden von Aufsichtspersonen begutachtet, mit dem Ziel, die Ideen der Reformationen weiter zu verbreiten.

1529 setzten sich unter der Führung von Johann dem Beständigen und dem Landgrafen Philipp von Hessen u.a. 14 Reichsstädte beim Kaiser für die Ideen der Reformation ein; aus dieser Protestaktion leitet sich der Name Protestanten für Anhänger der evangelischen Kirche ab; der Vorschlag wurde auf dem Reichstag zu Speyer abgelehnt .

1530 Reichstag zu Augsburg: Philipp Melanchthon entwirft die „Confessio Augustana", eine theologische „Versöhnungsschrift" zwischen Protestanten und Katholiken; sie wird abgelehnt;
stattdessen wird die alte Kirchenverfassung für das gesamte Reich als verbindlich erklärt; die Protestanten werden aus der Friedensordnung des Reichs ausgegrenzt; Martin Luther konnte aufgrund der Reichsacht an den Gesprächen nicht teilnehmen; er musste auf dem Gebiet von Johann dem Beständigen bleiben.

1531 Martin Luther schreibt die „Warnung D. Martin Luthers an seine lieben Deutschen" als Reaktion auf die Beschlüsse des Reichstages.
Gründung des Schmalkaldischen Bundes (Schmalkalden ist eine thüringische Stadt), eines Verteidigungsbündnisses protestantischer Städte und Territorien unter der Führung Kursachsens und Hessens über den gegenseitigen Beistand im Falles eines katholischen Angriffs.

1534 Gründung der anglikanischen Staatskirche unter Heinrich VIII.
Luther übersetzt das Alte Testament ins Deutsche.

1536 die Wittenberger Konkordie wird vereinbart (innerprotestantischer Kompromiss beim Abendmahlsstreit, siehe Begriffe und Persönlichkeiten).

1537 Luther verfasst die „Schmalkaldischen Artikel" und arbeitet wesentliche Unterschiede zwischen der katholischen und evangelischen Kirche heraus; der Papst als höchste Glaubensinstanz wird abgelehnt.

1538 die katholischen Städte und Territorien schließen sich zur Liga zusammen, einem politisch-militärischen Verteidigungsbündnis gegen den Schmalkaldischen Bund.

1545 Luther verfasst seine letzte große Schrift „Wider das Papsttum in Rom von Teufel gestiftet", in der er die „teuflische Päpsterei" als das letzte Unglück auf Erden bezeichnete; er forderte, dass die Regelung kirchlicher Angelegenheiten nicht Sache des Papstes, sondern Sache des Reiches, d.h. weltlicher Instanzen sein sollte.

1546 Tod Martin Luthers.
Beginn des Schmalkaldischen Krieges: die kaiserlichen (katholischen) Truppen kämpfen gegen den Schmalkaldischen Bund, insbesondere gegen Sachsen und Hessen.

1547 Ende des Schmalkaldischen Krieges mit einem Sieg von Karl V.; Moritz von Sachsen wird neuer sächsischer Kurfürst; Johann Friedrich I. und Philipp von Hessen werden gefangen genommen.

1548 Karl V. erlässt das *Interim*: in allen protestantischen Territorien soll der katholische Kultur wieder eingeführt werden; Laienkelch und verheiratete Priester bleiben erhalten: Papst fühlt sich übergangen.

1552 Fürstenaufstand gegen Karl V. und das *Interim*, nachdem die protestantischen Vertreter nicht am Religionskonzil in Trient teilnehmen durften. französischer König bietet sich den protestantischen Fürsten als Bündnispartner gegen den Kaiser an, was zum Vertrag von Chambord bzw. zum Vertrag von Passau führt; in diesem Vertrag wurde der Landfrieden auf Protestanten und Katholiken ausgedehnt; Philipp von Hessen und Friedrich von Sachsen kamen frei.

1555 Abschluss des Augsburger Religionsfriedens – eines der wichtigsten Verfassungsdokumente der deutschen Geschichte: Protestantismus und Katholizismus werden juristisch als zwei unterschiedliche Bekenntnisse anerkannt; Reichsstände können den Glauben frei wählen, religiöse Konflikte können nicht mehr als Landfriedensbruch deklariert werden; die Untertanen können aus Glaubensgründen unter Garantie ihres Eigentums emigrieren.

Kurzbiografien der drei Reformatorinnen

Katharina von Bora

1499   in einer sächsischen Adelsfamilie geboren, wahrscheinlich in Lippendorf, als Tochter von Johan von Bora und seiner Frau Margarethe (über die Namen der Eltern herrscht Uneinigkeit in der Literatur).

1504   Eintritt in den 1201 gegründeten Augustiner Chorfrauenstift in Brehna bei Bitterfeld-Anhalt.

1509   Übersiedlung in das Zisterzienserinnenkloster Marienthron in Nimbschen bei Grimma, dem ihre Tante Margarethe von Haubitz als Äbtissin vorstand.

1515   Gelübde als Nonne in Marienthron.

1523   Flucht nach Wittenberg mit acht anderen Mitschwestern im Bierwagen des Ratsherrn Leonard Koppe, welcher der Familie Luther ein Leben lang verbunden blieb.

1525   Eheschließung mit Martin Luther.

1526   Geburt des ersten Kindes Johannes.

1527   Ausbruch der Pest in Wittenberg – Katharina macht das Schwarze Kloster zum Hospital.
Geburt von Tochter Elisabeth.

1531   Geburt des Sohnes Martin.

1532   erhalten die Eheleute Luther das Schwarze Kloster von Kurfürst Johann Friedrich beurkundet als erblichen eigenen Besitz.

1533   Geburt des Sohnes Paul.

1534   Geburt von Tochter Margarethe.

1546	Tod Martin Luthers in Eisleben; Katharina muss ihr Leben als Witwe selbständig gestalten. Flucht vor dem Schmalkaldischen Krieg nach Magdeburg.
1547	Rückkehr nach Wittenberg.
1552	Tod am 20. Dezember.

Elisabeth von Calenberg-Göttingen, Herzogin von Braunschweig-Lüneburg

1510	in Cölln (heute Berlin) am 24. August als eines von fünf Kindern geboren; ihre Eltern waren Kurfürst Joachim I. von Brandenburg und seine Frau Elisabeth von Dänemark.
1525	Heirat mit Erich I. von Brandenburg, der zu diesem Zeitpunkt bereits 55 Jahre alt war.
1526	Geburt von Tochter Elisabeth.
1527	Elisabeths Mutter nimmt das Abendmahl in beiderlei Gestalt – Brot und Wein – und bekennt sich öffentlich zum lutherischen Glauben; sie muss aus Brandenburg fliehen und sich in Thüringen und Wittenberg verstecken.
1528	Geburt des Sohnes Erich II.
1532	Geburt von Anna Maria.
1534	Geburt von Katharina.
1534	Elisabeth besucht ihre Mutter in Lichtenbergk bei Wittenberg und lernt persönlich Martin Luther kennen.
1538	Elisabeth beginnt einen regelmäßigem Briefkontakt mit Luther.

Elisabeth bekennt sich durch den Laienkelch öffentlich zum lutherischen Glauben und setzt Landgraf Philipp von Hessen von ihrem Übertritt in Kenntnis; ihr Mann Erich toleriert ihren Glaubenswechsel, da er den Reformator für seinen Mut bewundert.

1538 Elisabeth holt den Reformator Corvinus in ihr Herrschaftsgebiet.

1540 Erich stirbt; Elisabeth erhält die alleinige Regentschaft für ihren noch unmündigen Sohn.

1545 Elisabeth veröffentlicht einen „Sendbrief an ihre Untertanen" und erklärt ihnen die Ideen der Reformation.
Elisabeth schreibt das Regierungshandbuch für ihren Sohn Erich II. und übergibt ihm nach dessen Volljährigkeit die Regentschaft.

1546 Elisabeth heiratet den Grafen Poppo XII. zu Henneberg

1550 Elisabeth schenkt ihrer Tochter zur Heirat ein „Ehestandsbuch".

1556 Elisabeth veröffentlicht mehrere geistliche Lieder und ein „Trostbuch für Witwen".

1558 Elisabeth stirbt am 25. Mai in Ilmenau.

Olympia Fulvia Morata

1526 Olympia wird als Tochter von Fulvius Peregrinus Moratus und seiner Frau Lucretia Morata geb. Gozi in Ferrara in Oberitalien geboren.

1540 wird Olympia Studiengefährtin der fünf Jahre jüngeren Prinzessin Anna d'Este. Gemeinsam mit ihr nimmt sie am Unterricht von Johann Senf (Giovanni Sinapius) und dessen Bruder Kilian Senf (Chiliano Sinapius) aus Schweinfurt teil; sie lernt Griechisch, Latein, Rhetorik, Kalligraphie.

1548 pflegt Olympia ihren kranken Vater, bis er stirbt; der zunehmende Einfluss der Gegenreformation in Ferrara zwingt sie zum Abschied vom Hof.

1549 Olympia heiratet den 10 Jahre älteren Doktor der Medizin Andreas Grundler aus Schweinfurt, der ihren Vater behandelt hatte und ebenfalls ein Anhänger der Reformation ist.

1550 Olympia zieht mit ihrem Mann und ihrem 8 Jahre alten Bruder Emilio nach Schweinfurth, in die Brückenstraße 12; Ende des Jahres wird Grundler zum Stadtarzt Schweinfurts ernannt.

1553 im April besetzt Markgraf Albrecht Alkibiades von Brandenburg-Kulmbach (siehe wichtige Persönlichkeiten) Schweinfurt; die Truppen seiner Gegner belagern die Stadt.

1554 im Juni wird Schweinfurt durch die Truppen Karls V. geplündert und niedergebrannt. Grundler, Olympia und Emilio retten nur das nackte Leben; Olympias Manuskripte gehen verloren.

1554 Andreas Grundler wird durch die Vermittlung des Grafen Georg von Erbach auf den dritten Lehrstuhl der Medizin an der Universität Heidelberg berufen; am 12. Juli tritt er seine Professur in Heidelberg an. Olympia wird von dem Heidelberger Gräzisten Jacob Moltzer (1503-1558) eingeladen, griechischen Privatunterricht zu erteilen.

1555 Olympia stirbt am 26. Oktober in Heidelberg, wahrscheinlich an Tuberkulose, und wird auf dem Friedhof der Peterskirche beerdigt.

1558 gibt Celio Curione in Basel Olympias Werke und Briefe heraus: zunächst 3 Reden, 16 Gedichte und 30 Briefe; die Auflage wird 1662 ergänzt.

Wichtige Persönlichkeiten und Begriffe
(bezogen auf die Porträts in diesem Buch)

Begriffe

Abendmahl
letztes Mahl, das Jesus Christus mit den Aposteln vor seiner Verhaftung und Kreuzigung eingenommen hat. Er stiftete eine Feier mit Brot und Wein. In Gedenken daran feiern die Katholiken die Eucharistie (Danksagung) und die Protestanten den Abendmahlsgottesdienst.

Abendmahlsstreit
fand zurzeit der Reformation zwischen Martin Luther und einigen seiner Anhänger wie Andreas Bodenstein (Karlstadt) statt. Es wurde darüber gestritten, ob beim Abendmahl der wahre Leib und das wahre Blut Christi (Realpräsenz) gefeiert wird (Luther), oder nur die symbolische Präsenz Jesu (Karlstadt).

Augsburger Interim (siehe Zeittafel)

Augsburger Religionsfrieden
(siehe Zeittafel)

Brandschatzen
ist eine Zwangserhebung von Geldbeträgen im feindlichen Land unter Androhung des Niederbrennens oder Plünderns der betreffenden Gemeinde oder Stadt. Zuständig dafür war der Brandmeister.

Hugenotten
ist eine Bezeichnung für die französischen Protestanten, die sehr stark durch die Lehre von Johannes Calvin geprägten waren.

Humanismus
war eine ideengeschichtliche Bewegung in Europa, die ihren Ausgangspunkt in der Renaissance hatte. Sie stellte in der Periode des 15. und 16. Jahrhunderts die Bildung und Selbstentfaltung des Menschen nach antikem Vorbild in den Mittelpunkt.

Laienkelch
bedeutet, dass das Abendmahl in beiderlei Gestalt von Brot und Wein auch von christlichen Laien genommen werden darf. Das Ritual des Abendmahls bildete zurzeit der Reformation ein wesentliches Unterscheidungsmerkmal zwischen Katholiken und Protestanten. Die Verweigerung des konsekrierten Weins an Laien wurde in der katholischen Kirche damit begründet, dass der Wein von den Laien verschüttet werden könnte. Seit 1963 liegt es im Ermessen des Priesters, ob beim Abendmahl auch Wein an Laien ausgeteilt werden darf.

Leibzucht (auch Leibgedinge)
ist die Verpflichtung, Unterhalt auf Lebenszeit zu erhalten, meistens in Form von Naturalleistungen wie Wohnen, Essen oder Kleidung. In Adelskreisen wurden den Ehefrauen bei der Hochzeit Güter oder auch bestimmte Landesteile überschrieben, mit denen der Ehemann sie für ihren Witwenstand absichern wollte. Sie waren Bestandteil eines vorher ausgehandelten Ehevertrages. In vielen Fällen übten die Ehefrauen schon zu Lebzeiten auch die Herrschaftsgewalt über diesen Besitz aus.

Klosterkammer Hannover
ist eine Sonderbehörde des niedersächsischen Ministeriums für Wissenschaft und Kultur. Sie verwaltet ehemals kirchlichen Besitz, unterhält Klöster und Kirchen und initiiert verschiedene Projekte im Bereich Religion. Ihre Gründung geht zurück auf Elisabeth von Calenberg-Göttingen, die ehemalige katholische Klöster vor ihrer Umwandlung in evangelische Damenstifte inventarisieren ließ.

Liga
(siehe Zeittafel)

Paideia
Der Begriff kommt aus dem Griechischen und bedeutet Bildung und Erziehung. In der Antike wurde damit der Prozess der frühen Bildung von Kindern und Jugendlichen (Jungen) bezeichnet, durch den sie intellektuelles und ethisches Wissen erwerben sollten. Paideia umfasst sowohl die Schulbildung als auch die Ausbildung von Tugenden, die es im Erwachsenenalter ermöglichen, ein gutes Leben führen zu können.

Schmalkaldischer Bund/Schmalkaldischer Krieg
(siehe Zeittafel)

Synode
besteht sowohl in der evangelischen als auch in der katholischen Kirche aus gewählten Laien und Geistlichen, welche die Gesamtheit der Kirchenmitglieder repräsentieren. Sie entscheiden als sogenanntes Kirchenparlament über wichtige Fragen des kirchlichen Lebens.

Theologen und Philosophen

Augustinus (354–430)
war ein lateinischer Kirchengelehrter und Philosoph aus Nordafrika, der durch ein mystisches Erlebnis 386 unter einem Feigenbaum in Mailand zum christlichen Glauben fand. Er führte ein asketisch und philosophisch inspiriertes Leben, über das er in einem seiner Hauptwerke, den „Bekenntnissen" berichtet. 396 wurde Augustinus Bischof von Hippo Regius (heute Nordalgerien).

Andreas Bodenstein, genannt Karlstadt (1486–1541)
promovierte 1512 als Dekan der Theologischen Fakultät Martin Luther zum Doktor der Theologie. Später zerstritt er sich mit Luther in theologischen Fragen, wie zum Beispiel der Realpräsenz von Jesu Christi beim Abendmahl und zog sich als Pfarrer nach Orlamünde zurück.

Giordano Bruno (1548–1600)
war ein italienischer Philosoph, Astronom und Priester. Er vertrat die Auffassung, dass das Weltall raum-zeitlich unendlich sei, was dem damals herrschenden geozentrischen Weltbild entgegenstand. 1587 kam Bruno auch nach Wittenberg und hielt an der Universität Vorträge über Philosophie. Nachdem er nach Italien zurückgekehrt war, wurde er bei der Inquisition denunziert und am 17. Februar 1600 auf dem Campo di Fiori in Rom verbrannt, wo heute ein Denkmal für ihn errichtet wurde. Im Jahr 2000 erklärte die Katholische Kirche die Hinrichtung Giordano Brunos für Unrecht.

Johannes Bugenhagen (1485–1558)
Gehörte zu den engen Mitstreitern Martin Luthers. Er war Pfarrer an der Stadtkirche zu Wittenberg und ab 1535 Theologieprofessor an der dortigen Universität. Bugenhagen entwickelte die ersten evangelischen Kirchenordnungen in niederdeutscher Sprache, in denen u.a. Regelungen zur Armenversorgung, zum Gottesdienst und zu den Schulen enthalten sind. 1529 gründete er in Hamburg das erste humanistische Gymnasium, die Gelehrtenschule Johanneum.

Johannes Calvin (1509–1564)
war ein französischer Reformator, der neben Theologie auch Rechtswissenschaft studiert hatte. Er forderte im Gegensatz zu Luther die Einheit der Kirche als der „Mutter des Glaubens" und setzte sich für eine Trennung zwischen Staat und Kirche ein. Alle Menschen sind vor Gott gleich und haben das Recht auf Bekenntnisfreiheit, Eigentum und persönliche Handlungsfreiheit. Ihr Schicksal jedoch ist von Gott vorherbestimmt (Prädestinationslehre).

Anton Corvinus (1501–1553)
studierte bei Luther und Melanchthon Theologie und wurde unter Fürstin Elisabeth der erste evangelische Landessuperintendent im Fürstentum Calenberg-Göttingen. Dort entwarf er 1540 auch die erste Calenberger Kirchenordnung. Unter der Herrschaft von Elisabeths Sohn Erich II. wurde er von 1549-52 in Beugehaft genommen, weil er das kaiserliche *Interim* (siehe Zeittafel) nicht akzeptieren wollte. Er starb als Pfarrer in Hannover.

Caspar Cruciger (1504–1548)
wurde 1528 Professor für Theologie in Wittenberg und Prediger an der dortigen Schlosskirche. Er kümmerte sich um die Drucklegung von Luthers Schriften und nahm an zahlreichen Religionsgesprächen mit Vertretern des Katholizismus teil.

Elisabeth Cruciger (ca.1500–1535)
heiratete 1524 Caspar Cruciger, nachdem sie als ehemalige Nonne aus dem Kloster Marienbusch bei Treptow geflohen war. Sie dichtete zahlreiche Kirchenlieder, von denen heute nur noch das Lied „Herr Christ, der einig Gottes Sohn" bekannt ist.

Celio Secundo Curione (1503–1569)
war ein italienischer Gelehrter, der 1523 Luthers Schriften las und dadurch ein Anhänger der Reformation wurde. Er lehrte an der Universität von Pavia und musste in seinen letzten Lebensjahren Italien verlassen, da er mehrfach vor die Inquisition geladen wurde. Curione veröffentlichte historische Schriften und Schulbücher. Bekannt wurde er jedoch durch seinen Briefwechsel mit Olympia Fulvia Morata.

Erasmus von Rotterdam (ca. 1466–1536)
wurde als uneheliches Kind eines Priesters vermutlich in Rotterdam geboren. Er war Theologe, Philosoph und Philologe und einer der Kritiker der Reformation. Erasmus wollte zwar kirchliche Reformen durchsetzen, zum Beispiel gegen den Ablasshandel, aber das Papsttum nicht generell abschaffen. Er forderte Luther mehrfach öffentlich zur Mäßigung auf. Der Mensch habe einen freien Willen, zwischen Gut und Böse zu unterscheiden. Luther hingegen ging von der Allmacht Gottes und der Erbsünde aus.

Fannio Fanini (ca. 1520–1550)
gehörte zur italienischen Reformationsbewegung. Er studierte Theologie und war Anhänger des Calvinismus. Er predigte in Ferrara in italienischer Sprache und wurde 1547 zum ersten Mal von der Inquisition verhört und anschließend wieder freigelassen. Nach dem Papstwechsel wurde er 1549 erneut verhaftet und in einem Prozess zum Tode verurteilt. Am 22. August 1550 wurde Fanini auf dem Scheiterhaufen verbrannt.

Olympe de Gouges (1748–1793)
hat 1791 die erste Menschenrechtserklärung für Frauen, die „Erklärung der Rechte der Frau und Bürgerin" verfasst. Darin fordert sie u.a. das Recht der Frauen auf eine eigene Berufstätigkeit und Einkommensquelle.

Jan Hus (1369-1415)
lehrte als Theologe an der Universität Prag und war zeitweise auch deren Rektor. Er kritisierte wie Luther 100 Jahre später den Ablasshandel der Kirche, bestand auf der Gewissensfreiheit eines jeden Menschen und sah in der Bibel (und nicht im Papst) die einzige Autorität in Glaubensfragen. Hus predigte auf Tschechisch, damit auch die ungebildeten, armen Menschen Gottes Wort verstanden. 1410 wurde er mit dem Kirchenbann belegt, verjagt, exkommuniziert und sollte nach Unruhen in Prag und Böhmen seine Lehre vor dem Konstanzer Konzil widerrufen. König Sigismund sicherte ihm freies Geleit zu, das jedoch noch vor Beginn des Konzils außer Kraft gesetzt wurde. Da Hus nicht widerrief, starb er den Feuertod.

Martin Luther (1483–1546)
ist die wichtigste Persönlichkeit der Reformation. Er lebte zunächst im Augustinerkloster in Erfurt, bevor er 1511 von Friedrich dem Weisen als Professor für Bibelauslegung an die Universität Wittenberg berufen wurde. Dort schlug er am 31. Oktober 1517 seine 95 Thesen an die Schlosskirche an, in denen er kirchliche Reformen forderte. Sie stellen den Beginn der Reformation dar. Nachdem Luther auf dem Reichstag zu Worms 1521 sich weigerte, seine Thesen zu widerrufen, musste er sich auf der Wartburg in Eisenach verbergen. Dort übersetzte er das Neue Testament ins Deutsche; 1534 folgte das Alte Testament. Beide Übersetzungen bilden die Grundlage für die noch heute gültige Lutherbibel.

Philipp Melanchthon (1497–1560)

gehörte zum Wittenberger Theologieprofessorenkreis um Martin Luther und war auch dessen Freund. Er verfasste mit den „Loci communes" die erste evangelische Dogmatik und erarbeitete in den Jahren 1525-28 im Auftrag des sächsischen Kurfürsten an einer Kirchen- und Schulorganisation für das Kurfürstentum. Melanchthon vertrat Kursachsen und die evangelischen Stände auf den Reichstagen von Speyer und Augsburg und hatte durch seine „Confessio Augustana" (siehe Zeittafel) entscheidenden Anteil an der Formulierung eines evangelischen Bekenntnisses.

Ursula von Münsterberg (ca. 1491–95 bis 1543)

die Cousine von Georg und Heinrich von Sachsen und die Enkelin des böhmischen Königs Georg Podiebrad. Nach dem frühen Tod ihrer Eltern wurde sie bereits als Kind ins Kloster gegeben und sollte auf Wunsch ihrer Tante Zdena wie eine „gewöhnliche Nonne" gehalten werden. Durch die Frau ihres Vetters Heinrich, Herzogin Katharina, kam sie mit Luthers Schriften in Kontakt und floh wahrscheinlich 1527 aus dem Kloster Freiberg. Für ihre 1528 erschienene Flugschrift „Frau Ursulen, Herzogin zu Münsterberg, christliche Ursachen des verlassenen Klosters zu Freiberg" schrieb Martin Luther ein Nachwort.

Paracelsus (1493–1541)

hieß eigentlich Theophrastus, Bombastus von Hohenheim; Paracelsus ist vermutlich die latinisierte Form von Hohenheim. Paracelsus war Arzt, Philosoph und Theologe. Er schrieb um 1536 sein Werk „Die große Wundarzenei". Sie beruht auf seiner medizinischen These, dass Krankheit eine Störung des Gleichgewichts zwischen Schwefel, Quecksilber und Salz sei, das durch entsprechende Medizin wieder hergestellt werden müsse.

Mary Wollstonecraft (1759–1797)
war eine englische Philosophin und Frauenrechtlerin, die sich mit der Gleichberechtigung der Geschlechter beschäftigt hat. In ihrem Buch „Plädoyer für die Rechte der Frau" forderte sie u.a. das Recht auf eine eigene Berufstätigkeit für Frauen sowie das Recht auf Besitz und eigenes Geld.

Herrscher zur Zeit der Reformation

Albrecht Alicibiades von Brandenburg-Kulmbach (1522–1557)
wurde mit 18 Jahren Markgraft und war der Neffe von Albrecht von Preußen. Er gilt als Mitorganisator des Fürstenaufstandes gegen Karl V. und führte die Truppen in die Schlacht von Sievershausen.

Albrecht von Preußen (1490–1568)
trat 1525 zur Reformation über und verwandelte den Deutschen Orden in Preußen in eine säkulare Gemeinschaft. Er regierte bis zu seinem Tod das lutherische Herzogtum Preußen, in dem er vor allem die Bildung seiner Untertanen förderte. So gründete er 1540 das erst preußische Gymnasium in Königsberg und 1544 die Universität Albertina, an der später Immanuel Kant lehrte.

Christian II. von Dänemark (1481–1559)
führte als König von Dänemark kirchliche Reformen durch und war ein großer Verehrer Luthers. Nach kriegerischen Auseinandersetzungen mit Norwegen und Schweden floh er mit seiner Frau Isabella, einer Schwester von Karl V., nach Wittenberg, wo

er 1524 mit Luther zusammentraf. Christian übersetzte das Neue Testament ins Dänische und schenkte Katharina von Bora zur Hochzeit einen goldenen Ring.

Erich I. von Calenberg-Göttingen (1470–1540)
war der Herzog von Calenberg-Göttingen. Er duldete die Zugehörigkeit seiner Frau Elisabeth zum Protestantismus, obwohl er selbst als kaisertreuer Fürst bis zu seinem Lebensende katholisch blieb.

Ferdinand I. (1503–1564)
stammte aus dem Geschlecht der Habsburger. Er war als Bruder von Karl V. Erzherzog von Österreich, König von Böhmen, Ungarn und Kroatien und ab 1531 auch römisch-deutscher König. Er vertrat auf einigen Reichstagen Karl V. und war als überzeugter Katholik maßgeblich am Zustandekommen des Augsburger Religionsfriedens beteiligt. Bereits als Jugendlicher machte er in den Niederlanden die Bekanntschaft von Erasmus von Rotterdam und kam schon frühzeitig zu der Erkenntnis, dass der Protestantismus nicht beseitigt werden könne und deshalb in das Reich eingebunden werden müsse. Von 1558-64 war Ferdinand römisch-deutscher Kaiser.

Friedrich der Weise, auch Friedrich III. (1463–1525)
gründete als Kurfürst von Sachsen 1502 die Wittenberger Universität. Er weigerte sich als gläubiger Katholik das Ketzerurteil gegen Luther 1518 umzusetzen und ließ ihn auf der Wartburg verstekken. Bekannt wurde er auch als bedeutender Reliquiensammler seiner Zeit. Während der Zeit des Bauernkrieges wandte er sich gegen eine totale Vernichtung der Bauern und setzte sich für eine teilweise Annahme ihrer Forderungen ein.

Heinrich der Jüngere von Braunschweig-Wolfenbüttel (1489–1568)

übernahm 1514 in seinem Fürstentum die Regierung und unterstützte 1538 als überzeugter Katholik die Liga. Daraufhin besetzten die evangelischen Städte Braunschweig und Goslar gemeinsam mit dem Schmalkaldischen Bund sein Territorium und nahmen Heinrich gefangen. Nach dem Sieg Karl V. und der Schlacht von Sievershausen sicherte Heinrich die Erbfolge im Fürstentum Calenberg-Göttingen für seinen Sohn Julius.

Johann der Beständige (1466–1532)

war der jüngere Bruder des sächsischen Kurfürsten Friedrich dem Weisen. Er regierte bis zu Friedrichs Tod 1525 gemeinsam mit ihm Kursachsen und Teile von Thüringen; der Sitz seines Hofes war Weimar. Johann unterstützte gemeinsam mit seinem Bruder die Reformation und gründete 1527 die Evangelisch-Lutherische Landeskirche. Sein Gedenktag im Evangelischen Namenskalender ist der 16. August.

Johann Friedrich I. (1503–1554)

war der Sohn von Johann dem Beständigen und wurde nach dessen Tod 1532 Kurfürst von Sachsen. Er stand auf der Seite der Protestanten.

Karl V. (1500–1558)

wurde 1519 nach dem Tod Maximilian I. als sein Enkel zum römisch-deutscher König gewählt und 1530 durch Papst Clemens VII. zum Kaiser gekrönt. Er war in viele kriegerische Auseinandersetzungen verwickelt und konnte insbesondere durch die Verteidigung gegen den Ansturm der Türken auf dem Balkan die Ausbreitung reformatorischer Ideen nicht verhindern. Nach dem Augsburger Religionsfrieden dankte er 1555 ab.

Maximilian I. (1459–1519)
stammte aus Burgund und wurde 1508 Kaiser des Heiligen Römischen Reiches deutscher Nation. Er förderte Künste und Wissenschaften und trug zur Entwicklung einer einheitlichen deutschen Schreibweise bei, dem „Gemeinen Deutsch". Maximilian erhielt aufgrund seiner Neigung zu kriegerischen Auseinandersetzungen den Beinamen *Der letzte Ritter*.

Moritz von Sachsen (1521–1553)
wurde als sächsischer Herzog 1547 nach dem Schmalkaldischen Krieg zwischen Protestanten und Katholiken durch Karl V. zum Kurfürsten von Sachsen ernannt. Er stand im Gegensatz zu Johann dem Beständigen und seinem Schwiegervater Philipp von Hessen auf Seiten der Katholiken und fiel in der Schlacht von Sievershausen.

Philipp von Hessen (1504–1567)
gehörte neben Johann dem Beständigen zu den bedeutendsten politischen Führern der Reformation und führte von 1521-1542 einen intensiven Briefwechsel mit Luther. Er war als Landgraf von Hessen maßgeblich an der Gründung des Schmalkaldischen Bundes beteiligt (siehe Zeittafel zur Reformation). 1540 schloss er eine zweite Ehe, die nach kirchlichem und weltlichem Recht von 1532 verboten war. Sie brachte die Wittenberger Reformatoren in Bedrängnis, die ihm geraten hatten, die Ehe zu verheimlichen. Während des Schmalkaldischen Krieges wurde Philipp fünf Jahre gefangen gehalten.

Renata von Ferrara (1510–1574)
war die zweite Tochter von Louis XII. und heiratete 1528 den Herzog von Ferrara, Ercole II. d´Este, einen Sohn der Lucrezia Borgia. Sie war Anhängerin von Johannes Calvin, mit dem sie ein Leben lang korrespondierte. In Ferrara unterstützte Renata den

Protestantismus, obwohl sie wahrscheinlich Zeit ihres Lebens katholisch blieb. Während der Gegenreformation wurde sie in Ferrara unter Hausarrest gestellt. Später rettete sie 1572 während der Batholomäusnacht vielen Protestanten das Leben.

Wilhelm IV. von Bayern (1493–1550)
entstammte dem Geschlecht der Wittelsbacher. Er war ein entschiedener Gegner der Reformation und verhinderte, dass sie in Bayern Fuß fassen konnte. Wilhelm baute die Ingolstädter Universität mit der Berufung von Jesuiten zu einem Zentrum katholischer Theologie aus.

Anmerkungen

Anmerkungen zu Teil 1

- Zitat im Vorwort von Martin Luther: „Vom ehelichen Leben". Stuttgart: Reclam 2006, S. 8
- Zitat auf der Auftaktseite zu Katharina von Bora, aus: „Luthers Briefe an seine Käthe": Berlin: Evangelische Verlagsanstalt 1950, S. 22
- Biografische Details zu Ursula von Münsterberg wurden u.a. dem Buch von Sonja Domröse „Frauen der Reformation" entnommen, Göttingen, Vandenhoeck & Ruprecht 2010.
- Lutherzitat aus: Martin Luther: „Tischreden". Stuttgart: Reclam 2006, 2. Auflage, S. 39, 64, 170, 278 und 292.
- Martin Luther: „Von der Freiheit eines Christenmenschen". Stuttgart: Reclam 2011, S. 130
- Martin Luther: „Vom ehelichen Leben und andere Schriften über die Ehe". Stuttgart: Reclam 2006, S. 130
- Briefzitate von Elisabeth von Calenberg-Göttingen aus: Ingeborg Mengel: „Elisabeth von Braunschweig-Lüneburg und Albrecht von Preußen. Ein Fürstenbriefwechsel der Reformationszeit". Göttinger Bausteine zur Geschichtswissenschaft, Band 13/14, Göttingen: Edition Ruprecht 2007 (PDF); (Die Zitate wurden für die bessere Lesbarkeit aus dem Niederdeutschen ins Hochdeutsche übertragen)
- Zitat auf der Auftaktseite zu Elisabeth von Calenberg-Göttingen, aus: Ingeborg Mengel: „Elisabeth von Braunschweig-Lüneburg und Albrecht von Preußen. Ein Fürstenbriefwechsel der Reformationszeit". A. a. O., S. 26

- Gedicht von Elisabeth von Calenberg-Göttingen aus Wikipedia, Seite 6 unter dem Stichwort Elisabeth von Brandenburg (1.4.2014)
- Zitat auf der Auftaktseite zu Olympia Fulvia Morata, aus: Olympia Fulvia Morata: „Briefe". Leipzig: Reclam 1990, S. 183
- Zitat von Olympia Fulvia Morata zu Beginn des Kapitels aus: Marit Rullmann (Hg.): „Philosophinnen von der Antike bis zur Aufklärung". Bd. 1, Frankfurt am Main, Suhrkamp 1998, S. 148
- Zitat über die Eroberung Schweinfurts: Rainer Kößling: Einleitung zu Olympia Fulvia Morata: „Briefe". Leipzig: Reclam 1990, S. 18
- Zitat von Cicero aus: Josef M. Werle (Hg.): „Epikur für Zeitgenossen". München: Goldmann 2002, S. 77 (Vom höchsten Gut und größtem Übel)
- Biografische Details über Olympia Fulvia Morata wurden u.a. dem Buch von Sonja Domröse „Frauen der Reformation" entnommen, Göttingen, Vandenhoeck & Ruprecht 2010.

Zitat im laufenden Kapitel aus: Olympia Fulvia Morata: „Briefe". A. a. o. S. 33, 37, 40/41, 56, 62, S. 90/91, S. 132, S. 133, 142, 144, S. 153, S. 173 und S. 176

Anmerkungen zu Teil 2

- Zitat von Simone Weil aus: Ruth Hagengruber (Hrsg.): „Klassische philosophische Texte von Frauen". München: dtv 1998, S. 182
- Zitat von Edith Stein aus: Marit Rullmman (Hrsg.): „Philosophinnen-Lexikon", Bd. II. Frankfurt am Main: Suhrkamp 1998, S, 213
- Zitat von Simone de Beauvoir aus: dies., „Ein sanfter Tod". Reinbek bei Hamburg: Rowohlt 2008, 32. Auflage, S. 117/118

- wikipedia.org/wiki/Simone_Weil
- Zitate von Simone Weil: „Zeugnis für das Gute. Trakate, Briefe, Aufzeichnungen", herausgegeben von Friedhelm Kemp. München: dtv 1990, S. 13 sowie S. 75-89.
- „Memoiren einer Tochter aus gutem Hause". Reinbek bei Hamburg, Rowohlt 1968, S. 120, 219, 232
- Ingeborg Gleichauf: „Sein wie keine andere". München: dtv 2007.
- www.rowohlt.de/autorin/simone-de-beauvoir.html
- wikipedia.org/wiki/Simone_de_Beauvoir
- www.whoswho.de/bio/simone-de-beauvoir.html
- wikipedia.org/wiki/Jean-Paul_Sartre
- www.fembio.org/biographie.php/frau/biographie/simone-de-beauvoir/
- wikipedia.org/wiki/Das_andere_Geschlecht

Abbildungsnachweis

Umschlagvorderseite (Ausschnitt), vordere Innenklappe und S. 14: Lucas Cranach d. Ä., *Bildnis der Katharina von Bora*, 1526, Sammlungen der Wartburg, Eisenach

Vordere Umschlaginnenseite und S. 37: Nina Koch, *Katharina von Bora*, Wittenberg (1999), Foto Burkhart Brüning

Vordere Innenklappe und S. 38: *Elisabeth von Calenberg-Göttingen*, Holzschnitt in der Calenberger Kirchenordnung, 1542

S. 49: Klosterkammer Hannover (Tagesansicht Dienstgebäude), Foto Marcus Bredt, Berlin

Vordere Umschlaginnenseite und S. 61: Elisabeth von Calenberg-Göttingen, *Der Witwen Handbüchlein*, Herzog August Bibliothek Wolfenbüttel

S. 63: Denkmal der Herzogin Elisabeth in der Stadtkirche zu Schleusingen, in: Hohenzollern-Jahrbuch 1899, Herzog August Bibliothek Wolfenbüttel

Vordere Innenklappe und S. 64: Johann, Benjamin Brühl (1691–1763), *Olympia Fulvia Morata*, Kupferstich, UB Heidelberg, Graph. Slg. P 191

Vordere Umschlaginnenseite und S. 83: Epitaph für Olympia Fulvia Morata, Peterskirche, Heidelberg, unbekannter Fotograf

Hintere Innenklappe und S. 86: Simone Weil, unbekannter Fotograf

Umschlagvorderseite, hintere Innenklappe und S. 99: Edith Stein, unbekannter Fotograf

Hintere Innenklappe und S. 108: Simone de Beauvoir, unbekannter Fotograf

Der Verlag dankt der Klosterkammer Hannover und der Herzog August Bibliothek Wolfenbüttel für die freundliche Zurverfügungstellung der Abbildungen.